걱정이 많은 사람을 위한 심리학 수업

THE WORRY TRAP: How to Free Yourself from Worry & Anxiety using Acceptance and Commitment Therapy

걱정이 많은 사람을 위한 심리학 수업

고민과 불안에 휘둘리지 않는 심리 면역 키우기

채드 르쥔느 지음
조영지 옮김

billybutton
빌리버튼

쓸데없는 걱정과 불안으로부터 벗어나는 법

인간의 사고는 안정감, 행복감, 완벽함 같은 주관적 감정을 발달시키기보다는 위험으로부터 자신을 보호하기 위해 진화해왔다. 5천 년 전, 당시의 인간들은 야생에서 생존을 위한 어떠한 도구도 지니지 못한 연약한 존재였다. 사자의 위협적인 이빨, 치타의 빠른 발, 고릴라의 강한 힘, 거북이의 단단한 등껍질 같은 것들이 인간에게는 없었다. 대신 인간은 다른 종들에게 없는 '사고할 수 있는 능력'을 가지고 있었다.

위험한 상황에서 벗어나기 위해 사고하려면 다음의 세 가지를 수행할 수 있어야 한다. 분류하기, 예견하기, 평가하기인데 문제를 해결하기 위해서는 문제의 특성과 그 상징적인 의미를 다룰 수 있어야 하기 때문이다. 인간은 어려운 일을 떠올릴 때 마치 그 상황에 직접 부딪힌 것처럼 세세한 부분까지 상상할 수 있다. 더 나아가 어떤 행동을 취하면 어떤 결과가 발생할지도 미리 예측할 수 있다. 또한 다른 행동을 취했을 때 나타날 결과들과 비교하기도 한다. 상징을 이용한 상상과 생각들은 모두 가만히 앉은 채로 이뤄진다.

이러한 능력은 인간만이 지닌 놀라운 특징이다. 예를 들어 원시시대의 인간들은 정글에서 어떤 일이 발생할지를 미리 상상해 사자나 치타 등 야생동물의 공격에 대비하였다. 또한 무기를 개발하고 작전을 세웠으며 안전을 지키기 위한 여러 가지 방법들을 생각해냈다. 이처럼 인류는 본능에 의지하거나 시행착오를 거쳐 일을 수행하기보다는 이성적인 판단에 근거하여 행동해왔다.

사고능력은 아주 어릴 때부터 형성되고 인간의 지성과 행동에 매우 중심적인 역할을 한다. 그러나 그 반대 현상도 존재한다. 사고가 지나치게 개인과 집단의 성공에 집중된 나머지, 안정감을 추구하는 것이 아니라 해를 당하지 않는 방향으로 발달하는 것이다. 문제를 머릿속에 떠올리고 해결할 수 있도록 도와주는 이성적인 사고능력이 느슨해지면 불행으로 이어질 수 있다. 인간의 사고는 긍정보다는 부정적인 것들에 익숙하다. 실제로 생각은 위협을 지나치게 과장하기도 하고, 한 가지 문제에서 시작해 꼬리에 꼬리를 무는 문젯거리들을 끝없이 만들어내기도 하며 우리를 쉴 새 없는 긴장 상태로 몰아넣는다. 문제는 이것이 지나치면 독이 될 수도 있다는 점이다. 위험한 환경으로부터 인류를 지켜주었던 강력한 무기가 오히려 자신을 겨누고 위협하는 꼴이다.

'걱정worry'이란 단어에는 본래 '죽이다', '목을 조르다'란 의미가 있다. 사고가 그 주체인 자신에게 등을 돌리면, 우리는 이성이라는 힘에 질식당하게 된다. 이런 상태가 되면 결국 인간은 걱정과 불안으로 가득 찬 마음의 노예가 되고 만다.

과거에는 사고를 통제함으로써 이런 상태에서 벗어날 수 있다고 여겼다. 하지만 이는 잘못된 생각이다. 강제로 통제하면 할수록 오히려 생각은 더욱 확장될 뿐이다. 어떤 일에 대한 사고가 확장되다 보면 자연스레 앞으로 닥쳐올 일을 예견하고 판단한다. 당연히 안 좋은 결과도 같이 상상하게 될 수밖에 없다. 사건이 유발한 상징과 이미지가 그 사건 자체라는 환영에서 벗어나는 법을 배워야만 쓸데없는 걱정과 불안으로부터 벗어날 수 있다. 진심으로 마음의 안정을 원한다면 미리 생각하고 판단해버리는 습관에서 한 발짝 물러나야 한다.

이 책은 마음의 안정을 찾는 법을 제시한다. 이완과 수용, 깨어있음, 가치와 같은 새로운 방법을 혼합시키는 치료법은 매우 창의적이다. 이 모든 방법은 수용전념치료Acceptance & Commitment Therapy, ACT(걱정을 알아차리고 수용한 다음 가치 있는 삶에 전념하도록 하는 치료법)를 위한 것으로 이를 혼합해서 적용하면 큰 효과를 얻을 수 있다.

수용전념치료는 복잡한 마음에서 한 발짝 뒤로 물러나 진정한 삶을 영위할 수 있는 방법을 가르쳐준다. 저자는 수용전념치료를 쉽게 이해할 수 있도록 친근한 문체로 설명하였으며, 적용할 수 있는 구체적인 방법을 제시한다. 해야 할 일과 생각해서는 안 될 사항들을 자세히 나열하고, 독자들이 제기할 수 있는 질문까지 미리 예상하여 해결책을 보여준다.

걱정거리는 완전히 제거할 수 없다. 이 책의 목적 역시 걱정을 모조리 없애고 인생을 변화시키는 것이 아니다. 그보다는 자연스러운 생각들을 지나치게 제어하려는 욕심과 삶을 통제하려는 자세에서 한 걸음 물러나도록 하는 데 목적이 있다.

이젠 통제할 수 없는 것을 억지로 통제하려는 마음을 포기하고 편안한 삶을 시작해보자. 이 책을 통해 마음의 평화를 되찾게 되길 바란다.

네바다 대학 심리학과 임상수련책임자 및
수용전념치료ACT의 창시자
스티븐 C. 헤이즈Steven C. Hayes

차례

추천사 쓸데없는 걱정과 불안으로부터 벗어나는 법 4

1부
당신이 걱정하는 일은 일어나지 않는다

1장 걱정에 대하여

걱정은 또 다른 걱정을 낳는다 17 | 걱정에서 벗어나기 위한 심리훈련 23

2장 내 마음이 걱정에 잠식되지 않게

걱정에 시달리는 사람들의 사고방식 27 | 미래는 통제할 수 없다 30 | 범불안장애의 특징, 메타걱정 35 | 걱정을 멈추게 도와주는 방법들 39

3장 통제하려는 시도를 멈추기

마음이 마음대로 되지 않아 51 | 내 경험이 불러오는 것들 66

4장 걱정과 불안이 사라진다

경험하고 생각하라 그리고 행동하라 75 | 불안을 키우는 마음의 운영환경 80 | 걱정을 덜어주는 램프 치유법 82 | 걱정의 진행과정 89

— 2부 —

불안을 놓아주는 확실한 방법

5장 램프 치유법 1단계 걱정에 이름표 붙이기

나는 생각이 너무 많아 97 | 나도 모르게 시작되는 걱정 102 | 걱정으로 해결되는 일은 없다 109 | 걱정의 목록 만들기 113 | 걱정 이후에 찾아오는 반응 117 | 왜 나는 미루고 도망칠까 122 | 걱정 모니터링 연습 130

6장 램프 치유법 2단계 통제욕구 버리기

몸과 마음의 긴장을 풀 것 137 | 불안을 가라앉히는 호흡법 140 | 근육의 긴장을 풀어준다 148 | 흘러가는 대로 생각할 것 155 | 불안한 감정에 몸을 맡기는 연습 159

7장 램프 치유법 3단계 생각과 감정 받아들이기

당신이 걱정하는 일은 일어나지 않는다 165 | 두려움의 정체를 파악하라 180 | 생각은 위험한 것인가 185

8장 램프 치유법 4단계 현재 순간에 충실하기

지나간 일과 다가오지 않은 일에서 벗어나라 195 | 온몸의 감각을 깨워라 198 | 다양한 감각을 동시에 느껴보는 의식훈련 208 | 지금이 나에게 주는 것들 212 | 순간의 생각과 감정에 집중할 것 218 | 마음 챙김과 깨어 있기 224 | 불안을 없애는 나만의 계획표 만들기 236

9장 램프 치유법 5단계 올바른 방향으로 나아가기

걱정에 발목 잡힌 사람들의 고민 243 | 걱정과 관심은 다르다 246 | 나에게 중요한 것 질문하기 250 | 타인이 아닌 나를 위해 움직여라 261 | 내 인생의 방향등 찾기 265 | 다른 내일을 만나기 위해서는 생각을 멈추고 행동하라 274

— 3부 —
부정적인 감정에서 자유로워지는 법

10장 걱정과 관계를 유지하는 법

반드시 극복해야 하는 두려움의 정체 287 | 걱정을 잡으려면 걱정의 굴로 들어가라 292 | 가치 있는 행동 실천하기 300

11장 어제보다 나은 나를 만나러 가는 길

하루 10분이면 충분하다 307 | 계획의 중요성 309 | 걱정이 많은 사람의 시간 관리법 317 | 초초한 마음에서 벗어나면 일어나는 일 327 | 내 생각 말하기 훈련 335 | 당신의 내일은 괴롭지 않다 348

1부

당신이 걱정하는 일은 일어나지 않는다

1장

걱정에 대하여

아무리 낙천적인 사람이라도 한 번쯤 꼬리에 꼬리를 무는 걱정에 시달려본 경험이 있을 것이다. 멀쩡히 버스를 타고 가다가 '버스가 불의의 사고로 전복되면 어떻게 하지?'라며 불안에 떨고, 여행을 가면 빈집에 도둑이 들까 걱정이 되어 밤잠을 설친다. 그러나 사실 대부분의 걱정은 '일어날 수도 있는 일'로 오히려 합리적인 판단을 방해한다.

걱정은 또 다른 걱정을 낳는다

줄리아는 와인 회사의 주임으로 일하면서 꽤 많은 월급을 받고 있다. 근무 시간도 비교적 자유로운 편이라 일하면서 대학을 다닐 수 있었고, 몇 개월 후면 졸업해 대학 학위를 받는다. 내년에는 잠깐 일을 쉬면서 로스쿨에 지원하고, 결혼도 할 계획이다. 얼마 전 그녀는 마음씨 좋고 다정한 윈스턴과 약혼식을 올렸다. 줄리아는 어느 정도 저축해둔 돈도 있고 건강하며 주위에 친구도 많다. 친구들은 미래를 향해 거침없이 나아가는 줄리아의 삶을 부러워하지만, 정작 그녀는 불안과 초조로 인한 만성두통에 시달리고 있다. 도대체 무엇 때문일까?

사실 줄리아는 요즘 걱정이 이만저만이 아니다. 4년간 줄곧

A학점만 받으며 잘해왔지만, 혹시 마지막 학기에 무슨 일이라도 생겨 학위를 받지 못하면 어떡하지? 한 과목이라도 점수가 나쁘게 나와 졸업하지 못하면 어쩌지? 운전이 서투른데 사고라도 당해 수업을 중도에 포기해야 한다면? 그럼 로스쿨에 지원하는 데도 차질이 생긴다.

로스쿨 또한 어느 학교에 지원해야 할지 확신이 서질 않는다. 올해 초 줄리아는 여러 로스쿨의 커리큘럼을 알아보았다. 너무 자세히 알아본 탓인지 머릿속은 수많은 가능성과 기회로 복잡해졌고, 로스쿨 지원은 1년 정도 미루기로 결심했다. 윈스턴은 줄리아가 하는 일이라면 무엇이든 적극적으로 밀어주는 편인데 그녀에게는 그의 이런 태도도 문제다. 만약 내년 봄에 로스쿨에 지원하여 입학 허가를 받게 되면 여름에 이사를 하게 될 텐데 그렇다면 올겨울에는 결혼식을 올려야 한다. 하지만 줄리아는 지금껏 화창한 봄날의 야외 결혼식을 꿈꿔왔다. 추운 겨울날에 결혼식이라니? 어렸을 때부터 꿈꾸던 결혼식을 할 수 있을까?

윈스턴이 결혼 일정에 관해 말을 꺼낼 때마다 줄리아는 말끝을 흐렸다. 일정뿐 아니라 몸매도 걱정이다. 웨딩드레스를 입으면 너무 뚱뚱해 보이진 않을까? 지금 하는 일을 그만 두고 공부에 매진하며 다이어트도 하면 어떨까? 하지만 자신이 일을 그만 둔다고 하면 사장님은 분명 투덜거릴 것이다.

줄리아는 하루 종일 여러 가지 고민을 곱씹는 탓에 밤에는 눈을 붙이지도 못했다. 이젠 건강마저 염려되기 시작했다. 쉽게 피곤함을 느끼고 조금만 움직여도 숨이 찼다. 과연 이 상태로 결혼에 성공할 수 있을지 줄리아는 몹시 걱정스럽다.

불안을 불러일으키는 걱정의 실체

줄리아의 고민이 다소 지나쳐 보일 수도 있지만, 여러분들도 이와 같은 걱정과 불안으로 고생해본 경험이 있을 것이다. 걱정은 사고思考의 형태를 띤, 불안의 한 요소다. 다가올 미래에 예상되는 문제점 같은 부정적인 사건에 주로 초점을 맞추고 생각한다. 그래서 '만약 그런 일이 일어난다면…'이라는 의문을 계속 떠올린다. 걱정은 실제로 일어나지 않은, 발생할 수도 있는 일에 대한 반응이다. 머릿속에서 일어나는 일에는 어떤 제한도 없기 때문에 걱정은 무한대의 가능성을 가지고 커져간다.

지나친 걱정은 병을 부른다

중요한 일을 앞두고 있을 때는 누구나 걱정이 많아진다. 특히 인생의 터닝 포인트에 섰을 때는 당연히 걱정이 따라온다. 특별한 상황에서 가끔 걱정이 많아지는 것은 매우 자연스러운 현상이다. 하지만 어떤 사람들에게 걱정은 삶의 방식이다. 이들은 줄리아와 마찬가지로 잘못될 수 있는 온갖 경우들을 미리 머릿속으로 생각하느라 깨어있는 시간을 낭비한다. 가정과 직장, 사랑하는 연인에게 일어날 수 있는 일들을 떠올리며 노심초사한다. 심지어는 자신이 너무 많은 걱정을 한다며 또 다시 걱정을 하고, 걱정이 불러올 결과에 대해서까지 염려한다. 이처럼 지나친 걱정은 끊임없는 불안 및 조급함과 밀접한 관련이 있다. 걱정으로 인한 긴장은 근육통, 위장병, 피로, 집중력 저하, 불면증으로 연결되기도 한다. 실제로 이런 증상 때문에 병원을 찾아갔다가 '신경성'이라는 진단을 받고 온 사람들도 있을 것이다.

걱정 많은 민감한 사람들

걱정을 많이 하는 사람들은 걱정 자체가 도움이 된다고 믿는다. 이러한 믿음에 관해 자세히 다루겠지만, 먼저 걱정이 가져다주는 실질적인 결과물에 대해 생각해보자. 과도한 걱정으로 발생할 수 있는 증상으로는 신체적인 것 외에도 사회적 · 정서적 문제 및 행동장애가 있다.

걱정이 많은 사람들에게서 흔히 볼 수 있는 민감한 성격은 가정과 직장에서의 대인관계에 부정적인 영향을 미칠 수 있다.

대인관계를 염려하는 사람들의 경우 지나칠 정도로 여러 번 확인하려는 행동패턴을 보이는데, 이러한 강박적인 증상도 문제가 된다. 게다가 걱정에 동반되는 불안은 사람을 감정적으로 메마르고 침울하게 만들며, 걱정에서 벗어나기 위한 약물 복용이나 음주는 오히려 상태를 더욱 악화시키기도 한다.

걱정은 개인적 또는 직업적인 생산성과 효율성에도 영향을 미칠 수 있다. 걱정을 많이 하는 사람들은 생길지 안 생길지 모르는 부정적인 일들을 생각하느라 바쁘다. 이는 결국 현재의 문제를 해결하고 의사를 결정하는 데 방해요소로 작용하며, 경우에 따라서는 문제를 피하거나 해결을 미루기도 한다. 그렇다고 걱정을 많이 하는 사람들이 게으르다는 뜻은 아니다.

이들은 지나칠 정도로 불안해하거나 조심스럽게 행동한다. 목표를 달성하거나 문제를 해결할 때, 이런 행동들은 현명한 판단을 도와주기는커녕 오히려 체계적인 사고를 방해하는 요인이 된다. 이런 사람들은 발을 동동 구르거나 이리저리 서성이는 것 이외에도, 어떤 임무가 정확하게 완수되었는지 재차 확인하고 세세한 목록을 작성하여 여러 번 검토하는 경향을 보인다. 이처럼 걱정에 너무 많은 시간과 에너지를 쏟다 보니 정말로 필요한 때에 자신의 실력을 제대로 발휘하지 못하는 때도 있다. 결국엔 끊임없이 분주하게 움직이지만, 제자리에서만 맴도는 것이다.

걱정에서 벗어나기 위한 심리훈련

지나친 걱정으로 고민하거나 무엇인가 대책을 세우고 싶은 이들을 위해 수용전념치료Acceptance & Commitment Therapy, ACT를 소개한다. 수용전념치료는 네바다 대학 심리학과 임상수련책임자인 스티븐 C. 헤이즈와 그의 동료들이 함께 개발한 치료법으로, 이 책에 체계적으로 정리해놓았다. 논리적인 순서에 따라 내용을 설명하니 중간에 건너뛰지 말고 차근차근 읽어나가길 바란다.

수용전념치료를 쉽게 이해할 수 있도록 다양한 예시를 통해 설명했다. 책에 나와 있는 심리훈련은 걱정과 불안으로 힘든 시기를 보낼 때 직접 적용할 수 있도록 도와준다. 항상 그렇듯 어떤 문제에 봉착했을 때 가장 효과적인 해결책은 몸소 실천하려는 의지다. 연습보다 더 훌륭한 방법은 없다.

노트를 준비해 책에 나와 있는 중요한 내용을 따로 메모하여 자주 읽어보는 방법도 좋다. 읽은 내용을 기록하는 것 이외에도, 자신의 걱정거리를 메모해놓는다. 눈을 감고 하는 훈련은 지시사항을 읽을 수 없으므로, 신뢰할 만한 다른 누군가에게 훈련을 끝마칠 때까지 지시사항을 크게 읽어달라고 부탁한다. 만약 혼자서 훈련에 임하고 싶다면 자신의 목소리를 테이프에 녹음하고 이를 틀어놓고 해도 좋다.

새로운 생각과 변화를 받아들이는 데는 항상 용기가 필요하다. 걱정에서 자유로워지기로 마음을 먹은 여러분의 결정에 박수를 보낸다.

2장

내 마음이 걱정에 잠식되지 않게

많은 사람이 걱정을 삶의 한 부분처럼 여기며 살아간다. 그러나 '왜 걱정을 하며 살까'에 대해 진지하게 생각해본 사람은 별로 없을 것이다. 이제는 걱정하고 불안해하는 진짜 이유가 무엇이며, 걱정함으로써 정말 '걱정스러운 상황'들을 예방할 수 있었는지에 대해 다시 한번 생각해볼 때다.

인생에서 걱정은 정말 꼭 필요할까? 아니, 걱정이 정말 인생에 도움이 되기는 하는 걸까?

걱정에 시달리는 사람들의 사고방식

걱정을 지나칠 정도로 많이 하는 사람들은 걱정이 어느 정도는 유용하다고 믿는다. 여러분도 걱정이 인생에 도움이 된다고 믿고 있다면 당장 변화하기가 어려울 수도 있다. 지금부터 걱정에 대한 가장 흔한 믿음들과 그 진실에 관해 알아보자.

많은 사람이 계획을 세우거나 문제를 해결하는 것을 걱정과 혼동한다. 계획을 세우고 문제를 해결한다는 것은 인생에서 매우 중요한 부분이라 사람들은 걱정을 하면서도 자신이 매우 유용하고 생산적인 활동을 하고 있다고 믿는다. 하지만 연구 결과에 따르면 걱정이 심한 사람들은 걱정을 덜 하는 사람에 비해 문제를 해결하는 능력이 다소 떨어진다는 것이 밝혀졌다.

비효율적인 걱정과 효율적인 계획 세우기 및 문제 해결 과정을 비교하여 이 둘을 구분하는 능력을 길러야 한다. 걱정이란 불안과 연관된 사고 작용으로서 본래 비효율적인 특성을 지니고 있다.

걱정에 시달리는 사람들은 "걱정이 어떤 도움을 주나요?"라는 질문에 "걱정은 제게 강한 자극을 주거든요. 그래서 해야 할 일을 제대로 해나갈 수 있도록 도와줍니다."라고 대답한다. 하지만 연구자들의 주장은 정반대다. 지금까지의 많은 연구를 바탕으로 걱정은 도움이 되지 않으며 오히려 제한된 행동반응과 연관이 있다는 결과가 나왔다. 과도한 걱정을 하는 사람들은 오히려 결단력 있는 결정을 내리지 못하고, 생산적인 활동을 회피하려는 경우가 많다. 앞으로 일어날 일에 대해 집착하다 보면 결과적으로 현재를 제대로 파악하지 못하고, 성과수행 능력도 떨어지게 된다.

걱정이 미래를 통제하기 위한 수단이라고 생각하기도 한다. 걱정은 통제할 수 없는 것을 통제하고자 하는 개인의 내면적인 노력으로, 주로 말뿐인 시도로 끝난다. 오랜 연구 결과, 걱정이 많은 사람들은 그렇지 않은 사람들에 비해 불확실한 요소를 참아내지 못한다는 사실이 밝혀졌다. 걱정이 많은 사람들은 미래에 초점을 맞추고 최악의 상황을 상상하면서 불확실한 부분을 최소화하기 위해 애쓴다. 이들에게는 다음과 같은 잘못된 믿음이 있다.

'미리 걱정하면 나쁜 일이 일어나지 못하도록 예방할 수 있다.'

심리학자들은 이를 '마법의 사고방식'이라고 부른다. 물론 문제를 해결하고 계획을 세우는 것은 살아가는 데 매우 중요한 과정이지만, 그것과 걱정은 완전히 다른 문제다. 걱정을 통해 앞날을 통제하려는 시도는 아무 소득도 없는 헛수고에 불과하다. 통제하고자 하는 욕구가 해결책처럼 느껴질 수 있지만, 그것은 더 큰 문제의 작은 부분에 지나지 않는다. 미래의 불확실함을 있는 그대로 받아들이고 현재에 필요한 행동에 집중함으로써 통제할 수 없는 것을 통제하려는 욕구를 버리는 마음가짐이 필요하다.

미래는 통제할 수 없다

걱정의 주된 내용은 자신의 안전과 행복을 위협하는 문제들이다. 실제로 인간의 몸은 위협을 인식하게 되면 걱정이나 불안이라는 형태로 즉각적인 반응을 보인다. 이것은 자연스러운 방어 본능이지만, 반복되는 걱정을 통해 앞으로 닥쳐올지도 모르는 문제들이나 부정적인 결과를 떠올리다 보면 결국에는 몸도 지치게 된다. 물론 걱정은 머릿속에서 벌어지는 일이지만, 걱정을 하면 몸에 힘이 들어가면서 긴장하기 때문에 신체가 지속적으로 스트레스를 받게 된다. 반복되면 만성적인 근육통·고혈압·스트레스 같은 다른 질병으로 이어질 수 있다. 변화를 추구하려면 무엇보다도 걱정과 불안의 성격을 파악하고 불안이 어디서 오는 것인지를 이해해야만 한다.

불안은 삶의 자연스러운 형태일 뿐 아니라 개인과 집단의 생존을 위해 꼭 필요한 요소다. 불안은 위협을 느낄 때 즉각적으로 나타나는 반응으로, 위험한 상황이 발생했을 때 대처할 수 있도록 도와준다. 이 과정에서 신체는 즉각적으로 행동을 취할 준비를 하는데, 바로 그때 불안은 우리 몸에 일련의 변화를 일으킨다. 이를 가리켜 투쟁 도피 반응fight-or-flight response이라고 한다. 교감신경계의 지배를 받는 투쟁 도피 반응의 기원은 인류가 맹수들과 가까이 살던 시대로 거슬러 올라간다.

정글 사이를 어슬렁거리며 살았던 초기 인류의 삶을 떠올려보자. 그들이 주변의 다양한 소리와 냄새는 인간에게 각각 다른 의미로 다가온다. 안도감을 주는 것이 있는가 하면, 위협적인 것도 있다. 예를 들어 어느 원시인이 정글 숲을 지나가는데 갑자기 뒤쪽에서 바스락거리는 소리가 들려왔다고 가정해보자. 잽싸게 뒤돌아보니 풀숲 사이로 재빠른 움직임이 보인다. 잠시 후, 수풀 사이로 노란 섬광이 스쳐 지나가는 것이 아닌가. 원시인은 움직임을 감지하자마자 무의식적으로 이 노란 섬광을 호랑이로 인한 위협신호로 해석하고 재빨리 신체의 다른 기관에 경고신호를 보낸다. 뒤이어 아드레날린이라는 화학성분이 다른 신체 부위로 경고신호를 전달하고 이는 신체 내에 여러 가지 변화를 일으킨다. 그러면 심장은 더 빠르고 강하게 뛰기 시작하며 혈압도 올라간다. 팔을 움직이는 큰 근육(투쟁을 준비하는 부위)과 발을 움직이는 큰 근육(도피를 준비하는 부위)에 혈액이 공급되고, 팔다리의 많은 근육이 모종의 행동이 일어날 것에 대비해 바짝 긴장하게 된다. 그러는 동안 피부 표면과 손가락 및 발끝을 흐르는 혈액은 몸 안쪽으로 몰리고 얼굴빛이 창백해지고 손끝이 얼얼해지며 발이 차가워진다. 만에 하나 호랑이에게 물리더라도 출혈과다로 죽는 일이 없도록 신체가 스스로 대비하는 것이다.

천천히 내쉬었던 호흡은 점차 빨라지다 가슴이 들썩거릴 정도가 된다. 이는 근육에 더 많은 산소를 공급하기 위해서다. 이러한 호흡은 불행하게도 어지럼증을 일으키고 몸 안에 뜨거운 열을 발생시킨다. 만약 그가 어디론가 달리지 않는다면 증상은 더욱 심해진다. 한편 눈동자는 자신의 탈출로를 쉽게 발견할 수 있도록 커지면서 많은 빛을 흡수한다. 또한 온몸에 땀이 나기 시작하는데, 땀은 열을 낮춰줄 뿐만 아니라 몸을 미끄럽게 만들기 때문에 쉽게 잡히지도 않을 것이다.

원시인은 호랑이를 피해 줄행랑을 치든 아니면 맞서 싸우든, 둘 중 하나를 선택할 수 있도록 준비태세를 갖춘다. 그가 둘 중

하나를 선택해 행동으로 옮겼고, 노란 섬광의 정체가 실제로 호랑이였다면 투쟁 도피 반응은 적절하다. 반대로 노란 섬광이 알고 보니 새끼 고양이었다면, 이러한 반응은 그에게 창백한 얼굴빛과 긴장, 땀으로 범벅된 불결함만을 남겨 놓는다.

현대판 투쟁 도피 반응

이제 인류는 더 이상 길에서 맹수를 만나지 않지만, 우리의 신체는 위협을 느끼면 예전과 똑같은 방식으로 반응한다. 이와 같은 반응이 필요한 순간도 있다. 길을 건너려고 커브를 도는 순간 자신을 향해 빠른 속도로 돌진하고 있는 버스 한 대를 발견했다고 하자. 바로 그 순간 재빨리 뒤로 한 발짝 물러날 수 있는 것은 투쟁 도피 반응 덕분이다. 하지만 돌진하는 버스나 호랑이가 아니라, 마감일을 놓치거나 상사 앞에서 바보 취급을 당하고 있는 상황에서 똑같은 반응을 보인다면 어떻게 될까? 마찬가지로 연간보고서를 작성하고 복잡한 질문에 조리 있게 대답하거나 잊지 않고 가게에서 우유를 사야 하는 상황이라면, 위에서 언급한 신체적인 반응은 별 도움이 되지 않는다.

우리를 위협하는 일의 대부분은 투쟁 도피 반응이 필요하지 않다. 그러나 불안은 여전히 원시시대와 같은 신체적인 반응을 만들어내며, 현대인들은 긴장을 해소할 만한 기회가 제한된 상태에서 반복적인 자극을 받으며 살아간다. 이런 상황이 지속되면 근육통·불안감·집중력 저하·만성피로·불면증·자주 화를 내는 성격 등 만성적인 긴장과 연관된 다양한 문제점들이 발생한다.

투쟁 도피 반응은 외부에서 문제가 발생했을 때 자동으로 발생하는 반응이다. 이 반응에는 '뭔가 해야겠다'라는 욕구가 숨겨져 있는데 욕구의 아래에는 자신의 주위 환경을 제어하겠다는 본능이 도사리고 있다. 그러나 비효율적인 걱정을 하면서 다가올 미래에 대한 통제력을 발휘하려고 하는 본능은 문제가 된다. 앞날에 대한 계획을 세우고 대비할 수 있을지는 몰라도, 앞날을 통제하는 것은 불가능하기 때문이다.

범불안장애의 특징, 메타걱정

오랫동안 걱정과 불안이 지속되면 범불안장애generalized anxiety disorder를 의심해볼 필요가 있다. 정신과 의사들에 따르면, 범불안장애는 흔한 불안질환이다. 범불안장애라는 용어는 1993년 미국정신의학회에서 발간한 〈정신질환의 진단 및 통계편람〉에서 처음 등장했다. 제어되지 않을 정도로 지나치고 과도한 걱정에 범불안장애라는 이름이 붙여진 이후, 만성불안과 그 치료법에 관한 연구가 더욱 활성화되었다.

〈정신질환의 진단 및 통계편람〉에서는 범불안장애를 진단하는 데 필요한 몇 가지 기준을 다음과 같이 제시했다.

① 최소 6개월을 기준으로 봤을 때, 지나친 걱정과 불안에 시달린 날이 그렇지 않은 날보다 더 많다.

② 걱정을 조절하기가 매우 어렵다.

③ 걱정과 관련된 다음 증상 중 3가지 이상이 나타난다.

- 초조함 및 예민함
- 쉽게 피로해짐
- 집중력 저하
- 성급함
- 근육 긴장
- 수면장애

범불안장애를 겪는 환자들은 생활 전반에 걸친 광범위한 불안과 걱정에 시달린다. 한두 가지 걱정에 집착하는 다른 정신질환과는 구분된다(예를 들어 거식증을 앓는 환자는 체중 증가만을 걱정하고, 건강염려증 환자는 심각한 질병에 걸릴 가능성만을 염려한다). 이외에도 불안과 걱정으로 때문에 상당한 고통을 겪기도 한다. 이러한 문제들이 약물복용이나 다른 의학적 · 정신적 질환 때문에 발병한 것이라고 판단하기 어려울 때 범불안장애라는 진단을 내린다.

끝없이 걱정하는 사람들

범불안장애를 지닌 사람들은 한 가지 걱정거리만을 놓고 염려하기보다는 이것저것 주제를 바꿔가며 걱정을 늘어놓는다. 한 가지 문제를 놓고 불안해하다가 견딜 수 없으면, 다른 문제로 관심을 돌려 또다시 새로운 걱정을 시작한다. 범불안장애를 지닌 사람들은 '메타걱정meta-worry'을 하기도 하는데, 이는 걱정하는 것을 또 걱정하는 증상이다. 범불안장애를 겪고 있는 사람들의 일반적인 특징은 걱정과 연관된 특정한 상황이라면 무조건 피하려 한다는 것이다. 회사에서 문제가 생기면 회사를 관둬버리거나, 연인과의 관계가 순탄치 않으면 연락을 피해버린다.

많은 범불안장애 환자들은 사회적 불안장애, 공포로 인한 발작, 우울증과 같은 다른 불안 또는 심리적인 문제들을 겪고 있다. 전문가들의 연구에 따르면 범불안장애는 다른 불안장애에 비해 더욱 오래 지속되어 만성질환으로 발전하기 쉬우며, 저절로 증상이 사라지는 경우는 거의 없다고 한다.

정신과적 진단이란 어떤 특정한 증상들을 같은 종류끼리 분류시키고 설명하는 작업이다. 물론 사람마다 나타나는 증상은 모두 다르다. 하지만 전문가들은 오랜 경험을 통해 동시에 반복적으로 나타나는 증상들을 판별해낸다. 그리고 이처럼 특이

한 증상을 검토하고 이를 하나의 '질환'으로 정의 내린다. 질환은 정상적인 생활을 유지하는 와중에 일시적으로 혼란상태가 발생하는 경우를 포함한다는 점에서 질병과 다르다. 정서 또는 정신질환은 질병에 비하면 가벼운 정도의 감정적인 문제가 오랫동안 지속되는 증상이다. 그 가운데서도 불안장애는 강도가 더 세고 지속기간이 길며, 일반적인 불안에 비해 정상적인 생활을 훨씬 더 방해한다.

걱정을 멈추게 도와주는 방법들

최근 들어 만성적인 걱정과 범불안장애에 관한 관심이 눈에 띄게 높아졌다. 치료방법에 대한 연구도 매우 활성화되어, 지난 몇 년간 지나친 걱정과 범불안장애를 효과적으로 치료한 사례가 계속 증가하고 있으며 전문가들에 따라 치료 접근 방법도 다양하다. 대부분의 경우 한 가지 방법보다는 여러 가지 치료법을 동원하여 걱정과 연관된 여러 증상들과 걱정을 구성하는 구체적인 생각들, 범불안장애 환자에게 지속적으로 나타나는 투쟁 도피 반응을 치료한다.

이완훈련

범불안장애를 가졌거나 걱정이 많은 사람들도 투쟁 도피 반응을 인식하고, 그 수위를 조절하는 법을 배우면 불안과 연관된 신체적인 증상을 어느 정도 경감시킬 수 있다. 이완훈련 relaxation training은 호흡과 근육 이완의 두 가지 행동에 초점을 맞춘다.

투쟁 도피 반응이 시작되면 호흡에 눈에 띄는 변화가 생긴다. 불안할 때의 호흡과 긴장을 완화시키는 호흡을 구분해야 한다. 호흡하는 방법을 의지에 따라 바꿀 수도 있고 더 나아가 긴장이 발생하는 정도를 감소시킬 수 있다. 근육 긴장도 마찬가지다. 근육이 바짝 긴장하게 되면 뇌뿐만 아니라 신체도 함께 위기 모드로 바뀐다. 이런 상태에서는 앞으로 발생할 일에 대해 부정적일 수밖에 없다. 만약 자신의 의지에 따라 근육을 이완시키는 방법을 익히면, 뇌에 '위기는 없다'라는 식의 메시지를 보낼 수 있다.

이완훈련은 만성적인 과민반응과 연관된 신체적인 문제들을 상당히 감소시킬 수 있지만, 실질적인 효과는 매우 막연하다는 단점이 있다. 또한 걱정하는 과정 그 자체를 직접적으로 해결하지 못한다는 아쉬움이 있다.

인지 치료

인지 치료cognitive therapy는 걱정을 이루는 구체적인 생각에 초점을 맞춘다. 두려움을 느끼는 그 상황에 대한 개인적인 해석을 강조하는 것이다. 불안의 정도를 결정하는 것은 실제 상황이 아니라 받아들이는 개인의 태도이기 때문이다. 인지 치료에서는 머릿속에 있는 두려운 생각들이 구체적으로 무엇인지 파악하고 글로 적어보라고 한다. 자신의 건강을 염려하는 사람이라면 분명 '요즘 몸에 기력이 없다. 혹시 암이라도 생겼으면 어떡하지?'라고 적을 것이다. 불안하거나 걱정이 되는 생각을 인식하는 것만으로도 걱정이 줄어든다. 종이에 적힌 걱정거리를 보면서 사람들은 자기 자신과 자신의 생각 사이에 거리가 있다는 것을 경험하고, 더 나아가 자신의 고민거리에 다소 현실감이 결여되었다는 사실을 발견한다. 그 후 고민거리에 논리적인 오류는 없는지, 왜곡된 사실은 없는지 평가해본다.

지나칠 정도로 과도한 걱정을 하는 사람들은 왜곡된 사고를 하는 경향이 있는데, 이는 크게 두 가지 형태로 나타난다. 바로 가능성을 과대평가하거나 '재앙화'해 생각하는 것이다. '일이 잘못될 거야, 무엇인가 안 좋은 일이 일어날 것 같아.'와 같은 가능성의 과대평가는 가장 흔히 발생하는 생각의 오류다. 예를 들어 매우 안전한 지역에 살고 있으며, 심지어 그 동네에는 강도가 들어온 적도 없다고 해보자. 그런데도 깜박하여 문을 잠그지 않고 외출했을 때면 자신의 집이 털릴 수 있다고 생각하며 불안해한다. 비행을 무서워하는 사람들은 비행기를 타고 가다가 잘못해서 다른 비행기와 충돌할까봐 몹시 걱정한다. 사실 비행기가 충돌할 확률은 복권에 당첨될 확률보다도 낮은데 말이다. 지나치게 걱정을 많이 하는 사람들은 발생 가능성이 극히 낮은 일들을 미리 떠올리며 안절부절못한다. 그들은 실제로 예상했던 사건이 발생하지 않더라도 걱정을 했기 때문에 방어가 되었다는 믿음을 떨치지 못한다. 결국 걱정하는 횟수만 계속 증가할 뿐이다.

재앙화(파국화라고도 한다)는 인지 치료사들이 쓰는 전문 용어로, 극단적인 결과를 예상하거나 운이 나쁜 상황을 하나의 재앙으로 보고 자신의 능력으로는 감당하기 어려운 것으로 인식하는 태도를 말한다. 한 예로 '우리 아이가 받아쓰기에서 나쁜 점수를 받는다면 좋은 대학에 진학하기가 힘들어질지도 몰라.'라며 걱정하는 아이의 엄마를 들 수 있다. 이 외에 '이 비행기를 놓친다면 환승 비행기도 놓치게 될 거야. 그렇게 되면 일정은 모두 어그러지고 결국 이번 여행은 망치고 말겠군!'이라고 생각하는 여행객도 마찬가지다.

과대평가하거나 재앙화한 왜곡된 생각에 반대 주장을 펼쳐보라. 가능성을 과대평가할 때, 생각은 사실이라기보다는 하나의 가설에 가깝다. 머릿속의 생각이 현실적으로 가능한 일인지 판단하기 위해 가능한 모든 증거를 검토하여 자신의 생각에 도전을 시도해본다. 또한 불안해하는 상황에 대해 다른 해석을 해볼 수도 있다. 재앙화와 같은 왜곡된 사고를 하는 사람은 자신의 걱정거리를 소재로 최악의 시나리오를 상상해보기를 권한다. 최악의 시나리오가 실제로 발생한다면 얼마나 심각한 수준이 될지 정확하게 평가하고 자신이 어느 정도까지 감당할 수 있을지 파악해보는 것이다.

대부분의 사람은 인지 치료가 부정적인 생각을 긍정적으로 변화시키는 데 목표를 두고 있다고 생각하는 경우가 많다. 그러나 인지 치료는 환자가 사건을 현실적으로, 있는 그대로 받아들이도록 하는 데 중점을 둔다. '결국엔 그렇게 되고 말 거야. 얼마나 끔찍할까! 사람들은 실패한 인생이라며 손가락질할 테고, 나는 완전히 절망에 빠지게 되겠지.'라는 생각을 '가능성은 적지만 혹시라도 그렇게 된다면 기분이 좋지는 않겠지. 하지만 충분히 감당할 수 있는 일이고, 그 여파도 오래가지 않을 거야!'로 변화시키는 것이다. 즉, 사고방식의 패턴을 바꾸는 것이 바로 인지 치료의 목표다.

인지 치료를 통해 만성적인 걱정이 어느 정도 나아질 수는 있다. 그러나 기존의 사고방식 자체를 완전히 바꾸기란 매우 힘든 일이다. 자신의 생각이 왜곡되어 있거나 비이성적이라는 사실을 인식한다 해도 마찬가지다. 인지 치료의 장점은 사고를 변화시키는 것이 아니라 실제 자기 자신과 자신의 생각 사이에 일정한 거리감을 형성시키고 그 생각들을 관찰하고 기록하는 데 있다.

최악의 상황을 상상해보기

걱정 노출worry exposure은 상당히 새로운 방식의 치료법으로 걱정과 관련된 불안의 수위를 낮추는 데 꽤 효과적이다. 걱정 노출은 개인이 안고 있는 여러 걱정 사이에 공통된 주제를 파악하고, 걱정에 초점을 맞출 수 있도록 훈련한다. 주제와 관련하여 최악의 결과를 미리 상상해보도록 하는 것이다. 25~30분에 걸쳐 최악의 결과를 머릿속으로 떠올리면 불안은 점점 증가한다. 30분 정도 지나면 최악의 결과에 이르기까지 발생할 수 있는 다른 상황들을 떠올려본다. 이런 과정을 여러 차례 반복하다 보면 대부분은 주어진 주제에 대해 느꼈던 불안의 정도가 많이 감소 하는 경험을 한다. 한 주제와 관련된 생각들을 떠올렸을 때 더 이상 불안이 느껴지지 않으면 다음 주제로 넘어간다.

걱정돼서 하는 일들 그만두기

이 치료법은 걱정과 관련된 행동들을 차단하는 방식이다. 걱정이 많은 사람들은 보험 약정을 지나칠 정도로 자주 체크한다거나 연인에게 수시로 전화를 걸어 사랑을 확인하는 등의 행동 경향을 보인다. 확인하고 나면 당장은 불안이 해소될지 모르지만 평생을 불안과 걱정 속에서 살아야 한다. 이런 행동들을 통해 앞으로 닥칠 부정적인 결과를 피할 수 있다고 믿는다면, 믿음을 바꿀 수 있는 기회를 모두 상실하게 된다. 하지만 행동하지 않으면, 자신이 그토록 예방하려 했던 부정적인 결과들이 사실은 발생할 확률이 매우 낮다는 사실을 발견하게 될 것이다.

삶에 필요한 다양한 기술과 전략 배우기

만성적인 걱정에 시달리는 사람들은 대부분 문제 해결, 계획 세우기, 시간 관리, 자기주장과 같은 분야에 대한 능력이 부족하다. 문제점을 정확하게 직시하고 가능한 해결책을 모색하는 데 필요한 전략을 제대로 갖추지 못했기 때문에, 예상하지 못했던 문제가 발생하면 이를 감당하지 못할 것 같은 마음에 불안해한다. 그들은 자신이 가야 할 방향이나 목표가 분명하더라도 어떤 계획을 세워 목표를 향해 나아가야 할지 갈피를 잡지 못한다.

걱정에 시달리는 사람들은 자신이 맡은 임무를 체계적으로 분리하여 일하는 것에 어려움을 느낀다. 그렇기 때문에 머릿속으로 목표만 떠올려도 불안이 동반된, 걱정이라는 형태의 심리적 압박을 느끼는 것이다. 또한 시간을 분배하고 조정하는 데 매우 미숙하기 때문에 분명한 계획을 세웠는데도 이를 제대로 이행하지 못한다. 사람들이 만성적인 걱정에 시달리는 마지막 이유는, 타인에게 '아니'라고 거절하는 데 어려움을 느끼며 책임을 위임하거나 남에게 도움을 요청하는 데 많은 심적 부담을 느끼기 때문이다. 문제를 해결하기 위한 방법은 차차 알아보도록 하겠다.

수용전념치료가 무엇일까

수용전념치료는 다양한 심리학적 문제들을 해결하는 데 효과적인 치료법으로 인정받고 있다. 정신건강 연구기관과 기초심리학에 따르면 변화를 강조하는 치료방법은 그 효과도 떨어질 뿐만 아니라 오히려 문제를 악화시킨다고 한다. 점점 더 많은 이론가와 치료사들이 문제가 되는 감정이나 생각을 다룰 때에 수용에 관심을 두어야 한다고 주장하고 있다.

수용과 깨어있음은 수 세기 동안 동양철학의 핵심이었다. 현대 심리학자 칼 로저스 역시 수용의 힘을 강조해 왔다. 수용 및 변화와 관련한 가장 최근의 연구 성과로는 변증법적 행동 치료dialectical behavior therapy가 있다. 이 변증법적 행동 치료와 함께 수용전념치료는 수용과 변화 사이의 상호작용에 초점을 맞춘다. 수용과 깨어있음에 기초를 둔 접근방식은 불안 · 억압 · 약물 남용 · 섭식장애 · 외상 · 부부간의 문제 · 성격장애를 치료하는 데 매우 효과적인 것으로 밝혀졌다.

수용전념치료는 불필요한 생각과 감정을 통제하려는 욕구를 버리고 현재의 순간에만 집중하며 삶에서 가장 중요하게 여기는 가치와 일관된 행동에 전념하도록 유도한다. 수용과 변화를 중심으로 이뤄지는 치료법으로 어렵지만 가치 있는 행동을 취할 수 있도록 생각과 감정을 수용하는 것이다. 수용전념치료를 활용하면 만성적인 걱정이 발생하더라도, 미래의 불확실성과 그에 대한 불안한 감정과 생각들을 받아들여 현재에 더욱 초점을 맞출 수 있다. 아울러 진정 원하는 삶으로 한 발짝 더 가까이 다가갈 수 있게 될 것이다.

한 걸음씩 나아가기

만성적인 걱정에 시달리는 사람들에게 많은 도움이 된 이완, 걱정 인식, 노출과 같은 치료법을 수용전념치료의 방법들(수용, 깨어있음)과 혼합하여 한 단계 한 단계씩 제시한다. 수용과 깨어있음을 배우기에 앞서 통제하고자 하는 욕구에 대해 자세히 알아본다. 통제가 지닌 모순을 비롯해 걱정에 어떤 영향을 미치는지를 이해하면 그 다음에 나오는 개념들을 문제없이 이해하고 적용할 수 있다.

다음에는 수용전념치료의 기본적인 개념들을 설명하고, 통제의 대안으로 수용과 깨어있음을 다룰 것이다. 걱정은 말뿐인 행동으로 우리를 직접적인 경험으로부터 분리시키지만, 깨어있음은 우리를 다시 현실로 되돌려주고 수용을 연습할 수 있는 기회를 제공한다. 자신의 생각과 감정 그리고 불확실성을 받아들이다 보면 계획적이고 이성적인 행동에 전념할 수 있게 된다.

3장

통제하려는 시도를 멈추기

미래를 통제하는 것이 가능할까? 유명한 예언가 노스트라다무스는 앞날을 예측하였다고 하지만 그조차도 자신의 미래를 통제할 수는 없었다. 많은 사람은 통제할 수 없는 미래를 인정하고 계획을 세워 앞으로 닥칠 일에 최대한 대비하려고 한다.

그러나 걱정이 심한 사람들은 미래의 '불확실성'을 참아내지 못한다. 때문에 발생할 수 있는 일들을 상상함으로써 불확실성을 감소시키려고 애쓴다. 불행히도 이러한 욕구가 더욱 많은 걱정과 불안을 만들어낸다는 사실을 모르고서 말이다.

마음이 마음대로 되지 않아

인간에게는 본래 통제에 대한 본능이 내재되어 있다. 그 이유 중 하나는 인간의 뇌가 매우 크고도 복잡하기 때문이다. 우리의 뇌는 놀라울 정도로 엄청난 통제력을 발휘하여 주위 환경을 제어해왔다. 한 예로 큰 도시의 중심가를 살펴보자. 거리에 서 있는 모든 것들이 환경을 제어하고자 하는 인간의 욕망과 능력을 보여주는 증거들이다. 도시에 세워진 조형물 중에 인간의 뇌와 손을 거치지 않고 설계된 것이 하나도 없다. 이러한 통제 본능은 일상생활에서도 여실히 나타난다. 유쾌하지 않은 상황에 부딪혔을 때, 인간이 가장 먼저 보이는 반응 중 하나가 상황을 조절하려는 본능이다.

통제본능은 의식할 새도 없이 나타나는데, 대부분의 경우 우리에게 많은 도움을 준다. 예를 들어 갑자기 바람이 불어 지금 읽고 있는 책장이 막 넘어갔다고 치자. 십중팔구 원래 읽고 있던 페이지를 찾아 펴고는 좀 전보다 책을 더욱 꽉 쥐게 될 것이다. 이는 통제본능이 제대로 발휘된 사례다. 실수로 물잔을 엎지르면 곧장 수건을 가져와 물을 닦아 상황을 통제하려고 하며, 울 스웨터를 입었는데 날씨가 너무 덥다면 스웨터를 벗을 것이다. 햇볕이 너무 강렬하면 아무 생각 없이 눈을 가리려고 손을 들어 올린다. 이렇듯 우리는 하루에도 수없이 통제본능을 발휘하며 살아가고 있다. 통제본능에 근거한 행동원칙을 한마디로 요약하자면 다음과 같다.

'마음에 들지 않으면 아예 없애 버리자.'

걱정은 마음대로 조절할 수 없다

걱정을 많이 하는 사람을 연구하는 모의실험에 지원했다고 가정해보자. 실험에 참가하기 위해 대학 병원에 도착하자마자, 최근에 가장 걱정되는 부분이 무엇인지를 묻는 설문지를 작성한다. 당신이 최근에 가장 걱정하는 일은 새로 입사한 직장에서 잘 적응할 수 있을지에 관한 것이다. 설문지 작성을 마친 후, 당신은 실험실로 안내를 받는다. 실험실에서는 연구원들이 당신의 관자놀이에 전극을 붙이고, 팔에는 혈압측정띠를 두르더니 손가락 끝에는 열 감지센서를 부착시킨다. 연구원은 이번 실험을 통해 불안의 신체 증후와 걱정 사이의 관계를 알아볼 것이라고 설명한다. 신체에 부착된 여러 개의 센서가 당신의 심장박동수, 혈압, 근육 긴장도, 피부 온도(모두 투쟁 도피 반응과 연관이 있는 증상들이다)를 측정하여 이 정보들을 기계로 전송하면, 그 기계는 당신의 불안 정도를 계산하여 0~100 사이를 가리킨다.

모든 장비의 연결이 다 끝나자 연구원이 다음과 같이 말한다.

"우선 실험을 시작하기 전에 한 가지 부탁을 드리겠습니다. 최대한 불안을 낮추시길 바랍니다. 지금 현재 불안 수치가 40입니다. 실험을 시작하기에는 불안 수치가 너무 높거든요. 아무리 못해도 10까지는 낮춰야 합니다."

말을 끝마친 연구원은 다시 계기판을 돌아보면서 발을 톡톡 치며 당신의 불안 수치가 떨어지길 기다리기 시작한다. 어떤 일이 일어날 것 같은가? 불안 수치는 올라갈까, 떨어질까, 아니면 그대로 유지될까? 만약 수치가 60으로 올라갔다고 가정해 보자. 연구원이 고개를 돌려 당신을 쳐다보며 말한다.

"우린 한가하지 않아요. 하루 종일 이러고 있을 수는 없잖아요. 지금 밖에는 다른 대기자들이 자기 순서를 기다리고 있어요. 다시 한번 부탁드릴게요. 앞으로 2분 정도 드릴 테니 불안감을 낮춰보세요. 그렇게 했는데도 불안감이 낮춰지지 않는다면 다른 조치를 취하겠습니다!"

자, 이제 당신의 불안감은 떨어졌을까? 그러나 불행히도 계기판의 바늘은 80을 가리키기 시작했다. 연구원은 벌겋게 달아오른 얼굴 가득 위협적인 표정을 지으며 말한다.

"제 말을 전혀 이해하지 못하셨군요. 전 지금 논문에 쓸 자료가 필요해서 실험을 하는 겁니다. 졸업을 하려면 논문을 써야 하지 않겠어요? 이런 식으로 했다가는 대학원을 졸업하기도 전에 정신이 돌아버릴지도 모르겠군요!"

말을 끝마치자마자 연구원이 하얀색 가운의 주머니에서 커다란 주삿바늘을 꺼내들고는 당신의 얼굴 앞에 들이댄다. 그는 손가락 끝으로 주사기를 톡톡 치면서 이렇게 말한다.

"자신의 힘으로 긴장감을 풀지 못한다면 이 주사가 도움이 될 겁니다. 두개골에 주사를 놓을 거예요."

이 시점에서 당신의 불안감은 어떻게 되었을까? 불안감의 수치가 아래로 떨어질까? 이것이 바로 통제가 지닌 모순이다.

감정을 통제하는 것이 가능할까?

통제는 많은 상황에서 우리에게 도움을 주지만, 불안과 같은 감정을 다룰 때에는 오히려 역효과를 내는 듯하다. 불안감을 통제하거나 없애려고 노력하면 할수록 불안감은 더욱 고조되기 때문이다. 앞의 실험에서는 '마음에 들지 않으면 없애 버리자.'보다 '없애려고 노력하면 할수록 더 많이 발생한다.'라는 결론을 보여준다. 이러한 결과가 나온 이유를 이해하려면 우선 투쟁 도피 반응과 통제는 위협적인 상황에서 즉각적으로 일어나는 본능적인 반응이라는 점을 알아야 한다. 아이러니한 점은, 우리가 통제하려는 상황이 불안(또는 분노, 스트레스 등등 바람직하지 못한 감정들)일 경우 투쟁 도피 반응은 불필요한 감정들을 유발한다.

어떤 상황에 처했을 때 우리가 느끼는 불안과 그 불안을 없애려고 노력하는 과정에서 생기는 불안을 구분 짓기 위해 스티븐 C. 헤이즈와 그의 동료들은 '깨끗한 불안clean anxiety'과 '불결한 불안dirty anxiety'이라는 용어를 만들었다. 앞에서 예로 든 실험에서 맨 처음 불안 수치는 40이었다. 낯선 기계에 연결된 채 실험이 시작될 것을 기다리는 상태에서 느껴진 불안감으로서 '깨끗한 불안'에 해당한다. 그 후 피실험자는 연구원의 협박과 지시에 따라 불안감을 줄여보려고 노력했지만 오히려 불안감은 80까지 올라갔다. 이때 느껴진 불안감은 '불결한 불안'이라 할 수 있다. 어떤 특정한 상황이 닥쳤을 때 자연스럽게 떠오르는 불안감은 깨끗한 불안이다. 불결한 불안은 맨 처음 발생한 불안에 대한 불안감을 가리킨다.

만약 실험을 막 시작하려고 할 때 불안 수치가 40을 가리키는 것을 보고 연구원이 친절하게 대했다면 불안감은 떨어졌을까, 올라갔을까? 피실험자가 40이라는 수치를 있는 그대로 받아들였다면 불안감은 줄어들었을까, 심해졌을까?

주어진 상황 속에서 자연스럽게 나타나는 깨끗한 불안을 그대로 받아들이고 불안감을 통제하거나 없애려고 하지 않는다면, 불결한 불안으로 이어질 일은 없어질 것이다.

멈출 수 없는 생각

우리가 감정을 다룰 때 통제본능이 미치는 영향을 확인해보았다. 그렇다면 생각은 어떨까? 다시 실험실로 돌아가 보자. 당신은 설문지 작성을 끝마쳤고, 최근에 새로 입사한 직장에 관한 걱정거리를 나열했다. 연구원이 이렇게 말한다.

"우선 연구를 시작하기 전에 한 가지 분명히 해야 할 점이 있습니다. 머릿속으로 당신의 새 직장을 떠올려서는 안 됩니다. 직장에 대한 생각들을 모두 지우세요. 당신이 무슨 일을 해야 할지, 상사가 당신에 대해 어떻게 생각할지, 혹시 실수라도 하면 어떡하지 같은 생각들은 접어두세요. 또 직장을 잃게 되면 어쩌지, 아니면 그만두고 새로운 일을 찾아볼까 같은 생각들도 하지 마세요."

연구원은 다시 계기판을 쳐다보며 말한다.

"자, 그럼 머릿속에서 직장에 관한 생각들을 모두 지웠을 때 손을 들어 올리세요."

직장에 대한 생각을 멈추려는 당신의 노력은 어떻게 되었을까? 대부분의 경우 어떤 주제를 떠올리지 않으려고 노력하면 할수록 더 생각이 나게 마련이다. 'A에 대해 생각하지 말자'고 결심을 하는 순간부터 그와 관련된 것들이 자꾸 떠오르면서 다른 생각들을 방해한다. 생각을 더욱 강하게 금지할수록, 그 생각은 우리의 통제 밖으로 벗어난다. 누구나 '저 사람 코에 난 여드름을 보지말자.'라든가 '앞에서 웃고 있는 여자의 이 사이에 낀 고춧가루를 무시하자.'라고 아무리 되뇌어도 소용이 없던 경험이 있을 것이다. 이처럼 통제하려는 생각들은 도리어 주요 관심사가 돼 버린다. 머릿속으로 떠오르는 생각이 굉장히 불쾌해 절대로 생각하지 말자고 다짐했는데, 바로 그 순간부터 그 생각이 머릿속을 지배한다.

어윈은 훌륭한 아버지이자 가장으로서 적절한 통제의 중요성에 대해 잘 알고 있었다. 그는 큰 기업의 회계부서에서 간부로 근무하며 지난 몇 년간 체계적인 조직과 훈련을 통해 높은 실적을 올렸다. 그러던 어느 일요일 오후, 가족들을 태우고 운전을 하던 어윈은 문득 이상한 생각에 사로잡혔다. 2차선 도로의 커브길에서 차를 돌리려는 순간, 갑자기 머릿속에 어떤 생각이 떠올랐다.

'조금만 핸들을 왼쪽으로 꺾는다면 우린 모두 그 자리에서 죽게 될 거야.'

어윈은 자신의 생각에 화들짝 놀랐다. 가족을 사랑하는 아버지로서 하면 안되는 생각이었다.

'그런 불길한 생각을 하다니 생각만으로도 끔찍해. 이런 말도 안 되는 생각을 빨리 잊어버려야겠어.'

어윈은 점점 몸에 힘이 들어가면서 긴장되는 것이 느껴졌다. 심장이 점점 빠르게 뛰기 시작했고, 핸들을 잡고 있는 손에도 힘이 들어갔다. 반대편에서 다가오는 다른 차가 시야에 들어오자 어윈의 마음속에 또다시 위험한 생각이 튀어나왔다.

'여기서 핸들을 조금만이라도 왼쪽으로 틀면 우리 식구들은 모두 죽게 될 거야.'

어윈은 소름끼치게 놀랐다. 왜 이런 생각을 떨쳐버릴 수가 없는 걸까? 나도 모르게 자살을 원하는 걸까? 내 식구들까지 모두 죽음으로 내몰고 싶은 걸까? 이상하고도 무서운 생각이 계속되면 어쩌지? 불안감이 고조되면서 손바닥에 땀이 나고 얼굴은 벌겋게 달아올랐다. 또다시 커브길이 나오자 그는 한쪽 길가에 차를 세우고는 아내에게 말했다.

"여보, 하루 종일 운전을 해서 그런지 무척 피곤해. 여기부터는 당신이 운전했으면 좋겠는데."

어윈의 사례는 우리가 어떤 생각을 위험하거나 위협적이라고 느끼고 이런 생각들을 머릿속에서 쫓아내려고 결심했을 때 흔히 발생한다. 많은 운전자가 비슷한 생각을 해본 적이 있다고 한다. 하지만 많은 사람들은 이와 같은 생각이 매우 불쾌하다는 판단을 내리고 곧바로 머릿속에서 털어내버린다. 어윈과 달리 그들은 놀라거나 겁을 먹지 않으며 '그냥 단순한 생각일 뿐'이라며 무시하고 넘긴다. 실제로 핸들을 왼쪽으로 꺾는 행동은 매우 위험하지만, 생각일 뿐이라면 전혀 위험하지 않기 때문이다.

어윈의 두려움과는 달리, 생각은 사람의 행동을 통제할 수 없으며 하기 싫은 일을 강제로 시킬 수도 없다. 아마 어윈이 계속해서 운전을 했더라면 마음속으로 튀어오르는 위험한 생각을 통제하진 못해도 자신의 행동은 제어할 수 있다는 사실을 발견했을 것이다. 그러나 원치 않는 생각과 불안감을 통제하고 떨쳐버리기 위해 어윈은 아내에게 운전대를 맡겼다.

그의 선택이 적절해 보일지 모르지만, 차를 멈추고 운전대를 다른 사람에게 맡긴 행동은 자신의 생각이 위험하다는 것을 결국 인정한 셈이 된다. 심지어 자기 자신과 온 식구가 이런 위험한 생각에 의해 죽지 않고 살아남을 수 있었던 유일한 이유는 자신이 운전을 하지 않았기 때문이라고 믿을 수도 있다. 당장의 상황을 회피함으로써 불안감을 통제했다는 기분이 들지는 몰라도, 앞으로도 계속해서 운전을 피한다면 결국 불안감이 그를 통제하게 될 것이다.

상상과 실제 상황은 다르다

사람들이 자신의 생각에 두려움과 혼동을 느끼는 이유 중 하나는, 어떤 특정한 사건과 그 사건을 보고 떠오르는 생각을 같다고 느끼기 때문이다. 어윈의 사례도 마찬가지다. 실제로 다른 차와 정면충돌한 것도 아닌데, 단지 그런 생각을 떠올리고 나서 실제로 사고가 난 것만큼이나 겁에 질려 투쟁 도피 반응을 보였다. 수용전념치료는 이처럼 실제 사건과 생각을 동등하게 여기는 태도를 가리켜 '인지적 융합cognitive fusion'이라고 한다. 자신이 경험한 사건이나 실제 생활을 생각과 융합시킨다는 의미다.

어윈의 사례를 통해 인지적 융합에 대해 자세히 살펴보자. 그는 정면충돌이 일어날 것이라는 생각과 실제 충돌 경험을 융합시키려고 했다. 충돌에 관한 생각을 떠올렸을 뿐인데 이미 다른 차와 충돌한 것처럼 생각한다.

지나치게 걱정을 많이 하는 사람들은 아직 일어나지도 않은 일을 미리 걱정하며 불안에 떤다. 예를 들어 아내와 사소한 말다툼을 하고선 '혹시라도 아내가 이혼하자고 하면 어떡하지?' 생각하며 줄담배를 피우는 것이다.

이 남자는 아내가 너무 화가 나서 결혼생활을 끝내자고 하면 어떤 일이 벌어질지 상상하며 한편의 시나리오를 쓰기 시작한다. 남편이 상상한 시나리오는 단순한 상상일 뿐이며 실제로 일어나지 않은 일이지만, 그는 걱정을 하는 동안 마치 실제 이혼이라도 한 것처럼 쓰라린 아픔을 느낀다. 자신의 생각을 있는 그대로 받아들이려면 생각이 실제 사건과는 별개라는 사실을 인식해야 한다. 수용전념치료에서는 이 과정을 가리켜 '인지적 탈융합cognitive defusion'이라 부른다. 인지적 탈융합을 위한 여러 가지 훈련방법을 차근차근 알아보자.

통제할 수 있는 것과 없는 것

지금까지의 내용을 간단히 정리해보자. 우리 주위에서 벌어지는 수많은 일에 대처할 때 통제본능은 매우 유용하게 작용한다. 하지만 감정이나 생각처럼 내적으로 발생하는 경험을 다룰 때는 오히려 더 많은 문제점을 일으킨다. 다시 말해 외부에서 발생한 사건들에는 '원하지 않으면 없애 버리자.'라는 규칙이 적용되지만, 내부에서 발생한 경험들에는 '없애려고 노력하면 할수록 더 많이 발생한다.'는 규칙이 적용된다.

지나치게 걱정을 많이 하는 사람들은 이 외부·내부 원칙을 반드시 이해해야 한다. 걱정은 대부분 내부적으로 발생하기 때문에 '지금부터 그 문제에 대해서는 걱정하지 않겠어.'라고 다짐하거나 걱정하지 않으려고 노력하면 오히려 더 많은 걱정이 생긴다. 이처럼 걱정이나 불안과 같은 내적인 경험은 통제하려고 해도 별 효과가 없다.

반대로 외부에서 발생하는 많은 상황에서는 통제가 매우 유용한 전략이 된다. 걱정이 많은 사람은 통제가 도움이 되는 경험(외부)과 오히려 역효과가 나는 경험(내부)을 구분하는 법을 배울 필요가 있다. 그리고 내부에서 발생하는 감정들을 잘 받아들이면, 외부에서 발생하는 의미 있는 활동에 더욱 전념할 수 있게 된다.

사소하지만 도저히 참을 수 없는 한 가지

불안이나 걱정과 같은 감정들은 양말에 잡힌 주름과 비슷하다. 누구나 한 번쯤 길을 걷다가 양말이 내려가 보기 싫은 주름이 잡힌 경험이 있을 것이다. 신발과 발 사이에 양말이 뭉쳐 있으면 마치 신발 사이에 뭔가 끼어있는 것처럼 걸을 때마다 불편하다. 발끝을 꿈틀거려 이 주름을 없앨 수도 있지만, 몸을 구부려 양말을 잡아당겨야 해결되기도 한다. 심지어는 가던 길을 멈추고 주저앉아 신발을 벗고 양말을 다시 신어야 하는 경우도 있다. 아주 자그마한 주름 하나도 견딜 수 없는 성격의 소유자, 마크를 만나보자.

마크는 양말에 주름이 약간만 생겨도 이를 견디지 못해 하루 종일 양말을 잡아당기느라 많은 시간을 보내곤 한다. 길을 걸을 때에도 마찬가지다. 열 걸음 정도 걷고 나면 멈춰 서서 양말을 세게 잡아당겨야만 직성이 풀린다. 이러한 성격 때문에 오늘도 결국 중요한 회의에 늦고 말았다. 엉거주춤 양말을 잡아당기느라 몸도 제대로 펴지 못한 채 절뚝절뚝 걸어 들어왔지만, 양말 주름이 자꾸 신경에 거슬려 참을 수가 없었다. 결국 그는 의자를 뒤로 밀고서는 고개를 숙여 신발을 벗고 양말을 다시 신기 시작했다.

상사는 말을 멈추었고 모든 동료들은 그의 행동을 쳐다보았다. 마크가 그날 신발 끈을 푼 횟수만 해도 벌써 백 번째다. 동료들에게 사과를 하며 '이 빌어먹을 주름을 없애야 한다'고 설명을 하자 상사는 고개를 저으며 그에게 '집에 일찍 돌아가 좀 쉬도록 하게'라고 말했다. 투덜거리며 집으로 가던 중, 교통 경찰관이 그의 차를 세웠다. 이리저리 비틀거리며 달리던 데 무슨 문제라도 있는 것 아니냐는 경찰의 물음에 마크는 손을 내저으며 대답했다.

"양말이 내려가 주름이 잡혔거든요. 주름을 펴려면 양말을 쭉 잡아 당겨야 하는데 그러려면 허리를 완전히 구부려야 해서 신경이 쓰여 운전을 제대로 할 수가 없었어요."

결국 그는 빌어먹을 양말 주름 때문에 일을 할 수가 없다고 불평하며 심리치료사를 찾아가기로 결심했다. 치료사를 만나자마자 그는 이렇게 절규했다.

"이 망할 놈의 주름이 내 삶을 엉망으로 만들고 있어요!"

당신은 어떻게 생각하는가? 주름 자체가 그의 삶을 망쳐놓고 있는 걸까? 그의 삶을 방해하는 요인은 정확하게 무엇인가? 혹시 양말의 주름보다는 주름을 참아내지 못하는 것이 훨씬 더 문제가 되는 것은 아닐까? 만약 마크가 양말이 겹쳐서 생기는 작은 주름 따위엔 신경 쓰지 않고 하던 일에 집중했더라면 그의 삶은 어떻게 달라졌을까?

걱정과 불안을 없애려고 하는 노력은 양말을 다시 신기 위해 시간을 낭비하는 것과 매우 흡사하다. 생각과 감정을 통제하려는 노력(주름을 없애려는 노력)이 걱정을 유발하는 상황 자체(양말의 주름)보다도 훨씬 더 많은 문제를 만들기 쉽다는 점을 기억하자.

내 경험이 불러오는 것들

통제를 다루는 것은 다소 추상적이다. 그러나 뒤에 나올 개념들을 이해하려면 반드시 알고 넘어가야 한다. 아마도 독자들 가운데 일부는 이렇게 생각할지도 모른다. '좋아, 이젠 모두 이해했어. 한마디로 통제는 나쁜 것이고 수용은 좋은 것이잖아. 그럼 다음 장으로 넘어가 볼까.' 하지만 통제하고자 하는 인간의 욕구는 매우 강할 뿐만 아니라 본능적이고 즉각적으로 발생한다. 이 욕구를 버리기 위해서는 우선 이러한 반응이 언제 발생하는지를 인식할 수 있어야 한다.

지금 당신도 빨리 다음 장으로 넘어가고 싶은 충동을 느꼈을지도 모른다. '그래, 이 정도면 됐어. 지금까지 나온 개념들을

모두 이해했으니까 빨리 다음 장으로 넘어가서 걱정을 제거하기 위해 어떤 방법이 있는지 알아봐야겠다!'

책을 읽다가 건너뛰고 싶은 충동이 통제욕구의 대표적인 예다. 당신이 통제에 대해 읽고 있는 와중에도 일어나는 일이다. 다음 장에 나오는 내용을 이해하려면 우선 통제는 해결책이 아닌, 문제의 일부라는 점을 이해해야 한다. 주의 깊게 책을 읽고 시간이 허락한다면 두 번 정도 읽어 내용을 확실하게 이해하는 것도 좋다.

통제에 대한 본능적 욕구는 우리의 활동방식을 결정하는 데 매우 중추적인 역할을 한다. 이러한 욕구는 어떤 특정한 상황에서 발생하는 구체적인 반응이라기보다는 인간 삶의 전반에 걸쳐 광범위하게 나타나며, 우리가 살아가며 경험하는 모든 사건을 일으킨 시스템이자 배경이라고 볼 수 있다.

통제반응이 지닌 보편적인 특성을 강조할 때 다양한 비유를 사용한다. '구덩이 속에 빠진 남자' 이야기는 통제가 불안이나 걱정과 같은 문제를 다루는 데 전혀 도움이 되지 않는다고 설명한다. 구덩이 속에 빠진 남자는 문제에 직면한 사람을 가리킨다. 깊은 구덩이 속에 빠진 남자는 암담한 기분을 느끼며 무엇이라도 해야겠다는 생각에 주위를 필사적으로 살펴보다가 삽을 하나 발견한다.

"아, 정말 다행이다! 삽을 발견하다니!"

이 남자는 아주 힘껏 땅을 파기 시작했고 더 깊숙이 아래로 파 들어갔다. 이 어리석은 남자의 문제는 무엇이었을까? 그는 상황을 제대로 파악하지 못했다. 문제가 발생하자 제대로 생각해보지도 않은 채 무턱대고 행동을 취했다.

걱정과 불안의 구덩이에 빠진 사람 역시 그 남자와 별반 차이가 없다. 이야기에서 등장한 삽이 바로 통제반응이다. 통제하고자 하는 욕구는 본능적이고도 자연스러운 것이다. 그러나 구덩이 속에 빠진 남자에게 땅파기가 아무런 도움이 안 됐던 것처럼 걱정과 불안에 빠졌을 때 통제반응은 오히려 역효과만 낼 뿐이다. 해결책으로 보였던 것이 사실은 문제의 일부분이었던 셈이다.

내적인 경험에 적용했던 규칙을 기억하는가? 없애려고 노력하면 할수록 더욱더 생겨나는 원칙 말이다. 걱정과 불안을 없애려고 노력하는 일은 구덩이 속에서 땅을 파는 것과 같다. 불안과 걱정을 없애는 방법을 익히기 위해 이 책을 읽고 있다면 구덩이 속에서 더 나은 삽을 찾아 헤매는 사람처럼 근본적인 문제를 해결할 수 없다. 내적 경험의 원리를 정확하게 이해했다면 삽이 아닌 사다리를 찾기 위해 노력해야 한다. 원리를 이해하지 못하고 아직도 감정과 생각들을 통제하거나 없애기를 원한다면 삽을 도구 삼아 더 깊이 땅속으로 파고들게 될 것이다. 땅을 깊게 파고드는 행위는 문제에 해결하는 반응 그 이상을 의미한다. 구덩이에 갇힌 채 구덩이를 파는 일이 삶을 살아가는 방식이 될지도 모르는 일이기 때문이다.

통제반응은 인간의 경험을 형성하는 매우 기본적인 요소라 특정한 문제에만 나타나는 반응으로 볼 수는 없다. 오히려 컴퓨터의 운영환경처럼, 우리가 경험하는 생각과 감정을 이루는 기초가 된다. 컴퓨터의 운영환경이 문서와 이미지를 화면에 보이게 하듯이, 통제라는 운영환경도 우리가 경험하는 생각과 감정에 색깔을 입힌다. 걱정과 불안을 없애는데 목적을 두면 이를 없애고자 하는 운영환경 속에서 감정들을 경험하게 된다. 환경 자체가 바뀌지 않으면 감정을 느끼는 패턴(악순환) 역시 변화하지 않는다.

변하기 위해서는 내적인 감정을 위한 새로운 운영환경을 갖추고자 하는 의지가 필요하다. 이 의지는 '자발성'으로 앞으로 기르는 방법을 알아가보자. 예전과 다른 환경에서 감정과 생각들을 경험하는 것을 '환경 전환'이라고 부르는데, 이는 경험을 변화시킨다. 이러한 환경 전환의 중요성을 알아보기 위해 가스탱크에 사는 남자의 이야기를 살펴보자.

가스탱크에 살고 있는 한 남자가 있다. 커다란 가스탱크 안에는 가스가 아주 조금 남아 있고 약간의 연기도 있지만, 대체로는 아늑하고 편안했다. 가스탱크 옆에는 물탱크가 있는데 그 안에는 한 여자가 살고 있다. 물탱크의 내부는 약간 습하긴 했지만 역시 편안했다. 둘은 사이좋은 친구로 종종 저녁 식사를 함께 했다.

어느 날 물탱크에 사는 여자의 집에서 함께 저녁을 먹고 나서 커피를 마시고 있을 때였다. 가스탱크에 사는 남자는 작은 탁자를 환하게 비추는 촛불의 따뜻한 열기가 무척 마음에 들었다. 순간 그는 자신이 살고 있는 가스탱크의 어둡고 우중충한 분위기를 떠올리며 다음번에 친구를 초대할 때 꼭 촛불을 켜두어야겠다고 다짐했다. 그 다음 주 남자는 촛불과 성냥을 샀다. 촛불에 불을 붙이면 얼마나 분위기가 좋을까 기대하며 촛불을 켠 순간, 엄청난 폭발이 발생하고 말았다.

폭발을 유발한 원인은 무엇이었을까? '성냥'이라고 생각할 수도 있지만, 그 성냥은 물탱크에 사는 여자가 구입했던 제품과 똑같은 성냥이다. 물탱크의 여자는 매일 성냥을 켰지만 아무 문제가 없었다. 그럼 가스탱크 안에 있던 연기가 원인일까? 가스탱크의 남자는 분명 아니라고 주장할 것이다. 그는 수년 동안 그 안에서 살았고 가끔씩 머리가 조금 어지러운 적은 있었을지 몰라도 폭발 사고가 발생한 적은 없었다고 말이다. 성냥도 연기도 아니라면, 폭발이 생긴 원인은 무엇이란 말인가?

정답은 바로 가스탱크라는 '환경'에서 불을 붙인 성냥이다. 여기서 성냥은 우리가 경험하는 불안과 같은 감정을 의미한다. 불안을 통제하고 제거하고 싶은 욕구로 가득한 환경 속에서 이 감정을 경험할 때, 성냥은 폭발하게 된다. 반대로 불안을 기꺼이 받아들이려는 상황에서 불안이나 걱정을 경험한다면, 성냥이 폭발하는 일은 발생하지 않는다. 머릿속은 여전히 감정과 생각들로 가득 차 있을지라도 말이다.

4장

걱정과 불안이 사라진다

과도한 걱정과 불안의 주요 원인이 통제본능이라면 해결하는 방법은 무엇일까? 바로 부정적 감정을 수용하는 '자발성'을 기르는 것이다. 이 장에서는 자발성의 개념을 알아보고 수용전념치료의 목표와 어떤 관계가 있는지 살펴본다. 그리고 걱정으로부터 삶의 주도권을 되찾기 위한 램프 치유법을 소개한다.

경험하고 생각하라 그리고 행동하라

우리 마음에 입력되어 있는 운영환경인 통제본능은 불안과 걱정을 심화시킨다. 이번에는 통제본능을 대체하고 우리 마음에 평화를 되찾아줄 새로운 운영환경에 관해 알아보자.

없애려고 노력하면 할수록 생기는 불안과 걱정에 자발성을 발휘하면 자연스럽게 자신의 생각과 감정을 느끼고 경험하고자 하는 의지가 생겨난다. 또 행동할 때 발생하는 감정이나 생각들을 거부하지 않고 자발적으로 받아들이면 행동에 대한 의지도 강해진다.

주변에서 일어나는 수많은 일에 대처할 때 자발성을 발휘하면 자신에게 가치 있거나 중요한 일을 잘하고 싶다는 의지가 생긴다. 이 의지는 '전념'으로 어떤 행동을 하려고 노력하는 것이다. 그러나 평상시 미뤄둔 일들에 대해 행동을 취하려고 하면 종종 불안과 걱정이 따라오기도 한다.

감정의 자발성과 행동의 자발성은 서로 상호작용할 때 더욱 큰 효과를 발휘한다. 우리가 자신의 생각과 감정(내부)을 기꺼이 받아들이려고 노력할수록, 행동(외부)을 취하려는 의지도 함께 강해진다. 걱정과 불안 대신 느끼고 생각하고 경험하고자 하는 의지(수용)와 행동하려고 하는 의지(전념)를 개발하면, '자발성'이라는 운영환경이 생겨나(통제본능이 아닌) 새로운 환경 속에서 불안한 감정과 생각을 경험하게 될 것이다.

인생이라는 버스의 운전기사

수용과 전념, 그리고 자발성을 아직 이해하기 어렵다면 이렇게 생각해보자. 당신은 인생이라는 버스를 운전하는 버스기사다. 인생에서 가장 중요한 것, 하고 싶은 일, 인생의 방향성은 당신이 달릴 노선이다. 노선에는 반드시 멈춰야 할 정류장이 있어서 원하는 목적지에 가는 길에 정류장에 들러야 한다. 정류장에 멈춰 설 때마다 다양한 승객들이 버스에 올라탈 텐데, 이 승객들은 바로 정류장과 관련된 생각과 감정들이다. 만나면 기분 좋은 승객도 있지만, 반대로 버스에서 내쫓고 싶은 승객도 있다. 당신이 싫어하는 승객들은 몸에서 불쾌한 냄새가 나거나 어딘지 모르게 위험해 보인다. 예를 들어 '새로운 일 시작하기'란 정류장에는 '내가 일을 모두 망쳐버리면 어떡하지?'라든가 '상사와 잘 맞지 않으면 어떡하지?'와 같은 기분 나쁜 승객들이 우글댄다. 또한 미스터 불안이나 미스 걱정이라는 승객도 버스에 올라탄다.

당신은 한쪽 길가에 차를 세우고 이들을 내쫓으려고 노력한다. 이런 승객들을 쫓아내느라 목적지에 도착하기도 전에 해가 지고 하루가 끝나버린다. 설사 원하지 않는 승객들을 쫓아내는데 성공했을지라도 다음 정류장에서는 또 누가 기다리고 있을지 알 수 없다. 원하지 않는 생각과 감정을 버스에서 쫓아내려는 시도와 노력이 바로 통제반응이다. 이는 심신을 매우 지치게 할 뿐만 아니라 장기적인 관점으로 봐도 인생에 그다지 도움이 되지 않는다(기사가 싸우고만 있는데, 버스가 저절로 앞으로 나갈 리 있겠는가?).

상황의 문제성을 깨달은 당신은 전략을 바꾸기로 결심한다. 불쾌한 승객들이 타려고 하면 아예 버스 노선을 이탈해버리기로 한 것이다. 그렇게까지 했는데도 원하지 않는 생각이나 감정이 버스에 타자 당신은 이들과 거래를 한다. 버스의 맨 뒷좌석에 앉아 사람들의 눈에 띄지 않게 조용히 있는다면, 그를 목적지까지 태워주는 것이다. 문제를 피해 계획한 경로가 아닌, 다른 길로 다니는 이러한 반응이 회피와 지연시키기다.

당신은 우회도로를 따라 달리고, 미스터 불안도 한동안은 눈에 띄지 않게 조용히 앉아있었다. 하지만 당신이 원래 노선을 따라 돌아가려고 하자, 미스터 불안이 자리에서 일어나 앞좌석을 향해 걸어오는 것이 아닌가. 당신은 그를 다시 뒷좌석으로 보내기 위해 어쩔 수 없이 속도를 늦추고 또 다른 우회도로를 향해 달린다.

이 이야기는 다음과 같은 질문들을 떠오르게 한다. 첫 번째 질문, 버스를 운전하는 사람은 분명 당신이다. 그렇다면 행선지를 결정하는 것은 누구인가? 당신은 생각과 감정을 통제한다고 생각하지만, 오히려 그들에게 통제를 당하고 있는 것은 아닌가?

두 번째 질문. 당신의 버스(삶)를 진정 원하는 방향으로 가게 해주는 원동력은 무엇인가? 분명 통제본능은 아니다. 승객들을 통제하려고 길가 한쪽에 차를 세워두고 싸움을 하면 결과적으로는 시간과 에너지만 낭비하게 된다. 회피와 지연시키기의 효과도 의문스럽다. 오히려 목적지에서 멀어지기만 했을 뿐, 아무런 도움이 되지 못했다. 심지어는 눈에 띄지 않게 한쪽에 밀어두려 했던 부정적 생각과 감정에게 휘둘린 꼴이 되고 말았다.

해결책은 자발성에 있다. 만약 원하지 않는 승객이 버스에 올라탔는데 당신이 그들을 위해 공간을 만들어 준다면 결과적으로 어떤 일이 발생할까? 걱정과 불안을 받아들이고 이들에게 앉고 싶은 자리에 앉을 수 있도록 허락한다면? 불쾌한 승객과 다투지도 않고 거래를 할 필요도 없이, 계속해서 길에 시선을 고정하고 핸들에 손을 얹은 채 앞을 향해 달려갈 수 있을 것이다. 또한 자신의 감정과 생각을 받아들임으로써 모든 정류장에서 예정대로 멈춰 설 수도 있다. 정해진 노선을 따라가는 동안 버스에서 발생하는 모든 일을 경험하고 느끼고 생각할 뿐만 아니라 행동을 취할 수도 있게 된다.

불안을 키우는 마음의 운영환경

이쯤에서 한 가지 분명하게 밝혀두어야 할 사항이 있다. 걱정과 불안을 자발적으로 경험하는 것과 이러한 경험을 간절히 원하는 것 사이에는 분명한 차이가 있다. 이런 감정들을 '포용'하라는 말은 냄새나고 불결한 승객들을 찾아내 안아주라는 의미가 아니다. 자신의 생각과 감정을 기꺼이 경험하려는 자세를 지니라고 해서, 이들을 좋아하거나 원할 필요도 없다. 말 그대로 이러한 감정과 생각들을 수용할 정도의 여유만 있으면 충분하다.

살다 보면 정말 싫어하는 사람을 어쩔 수 없이 집으로 초대해야 하는 경우도 있다. 불안이나 걱정을 보고 싶지 않지만 집으로 초대해야 하는 시가식구나 처가식구라고 생각해보자. 원만한 결혼생활을 위해서는 그들에게 묵을 방(공간)을 마련해주어야 한다. 생각과 감정도 마찬가지다. 이들을 위한 마음의 공간을 마련해주면 현재의 중요한 일에 전념할 수 있다. 느껴지는 감정을 거부하면 할수록 불결한 불안이 계속 고조되므로 오히려 자신의 감정과 생각을 받아들이는 편이 효율적이다.

그렇다고 해서 '수용'을 모든 걸 포기하고 받아들이란 뜻으로 오해해서는 곤란하다. 걱정 및 불안은 해결하기 힘들기 때문에(불안에 뒤따르는) 비참한 감정까지 받아들여야 한다는 의미로 생각하는 사람들도 종종 있다. 그러나 불안한 감정과 걱정에 기초한 생각들을 받아들이라고 해서 비참한 감정까지 수용하라는 뜻은 아니다. 기억해두자. 우리가 비참한 감정을 느끼는 이유는 걱정이나 불안 그 자체 때문이 아니라, 통제본능이라는 마음의 운영환경 때문이다. 버스의 이야기에서 볼 수 있듯이 통제본능은 우리의 발목을 잡고 진로를 방해한다. 그러나 포기가 아니라 여유를 가지고 받아들이며(수용) 의지를 가지면(전념) 당신은 앞으로 나아갈 수 있다.

걱정을 덜어주는 램프 치유법

수용과 전념의 필요성에 대해 이해했더라도, 평상시에 느끼는 불쾌한 감정과 생각들을 어떻게 받아들여야 할지 감을 잡지 못했더라도 괜찮다. 불안이나 걱정에 직면했을 때 수용, 전념, 자발성과 같은 추상적인 개념들을 바로 적용하기는 쉽지 않다. 이번에 소개할 5단계 램프 치유법을 연습하면 통제반응을 중단하고 자신의 생각과 감정을 받아들여 현재 순간에 집중해 올바른 행동을 취할 수 있도록 도와줄 것이다. 만약 지금 당신에게 어떤 걱정거리가 있다면 5단계를 순서에 따라 적용해보기 바란다.

- 걱정에 이름표 붙이기Label
- 통제욕구 버리기Let go of
- 생각과 감정 받아들이기Accept
- 현재 순간에 충실하기Mindfulness
- 올바른 방향으로 나아가기Proceed

5단계를 각 단계의 머릿글자를 따 램프 치유법LLAMP이라 부르기로 하자. 지금부터는 램프 치유법의 각 단계를 연습하고 자신만의 기술로 개발시키는 방법에 관해 설명할 것이다. 단계별로 하나씩 연습하지만 5단계가 통합된 방식으로 작용한다는 것을 기억해두자. 훈련을 통해 각 단계가 서로 연결되어 있는 하나의 유기체와 같다. 걱정에 이름표 붙이기는 걱정을 통제하려는 마음을 버리기위한 준비 신호이며, 통제욕구 버리기는 생각과 감정 그리고 현 시점에서 겪은 경험들을 수용하기 위한 여유를 만들어준다. 각 단계는 차례대로 연결된다.

1단계 : 걱정에 이름표 붙이기

램프 치유법을 제대로 활용하려면 반드시 적용할 시기를 제대로 파악해야 한다. 대부분은 자신도 모르는 사이에 걱정의 덫에 걸리기 때문이다. 때때로 걱정은 무의식적으로 발생하기 때문에, 불안의 정도가 심해질 때까지 아예 인식하지 못하기도 한다. 심지어 실제로는 걱정을 하고 있으면서 오히려 계획을 세우거나 문제를 해결하는 중이라고 믿는 경우도 있다. 때문에 머릿속을 오가는 수많은 생각 가운데서 '걱정'들을 분류해내 이름표를 붙여주는 작업이 필요하다.

특정한 생각을 확인하고 걱정으로 분류하려면 다음 두 가지 과정을 거쳐야 한다. 우선 자신이 지금 하고 있는 생각의 내용을 파악한다. 그 다음 비생산적인 생각들을 추려내 '걱정'으로 분류한다. 지나치게 걱정을 많이 하는 사람들은 걱정을 분류하는 과정만으로 고통이 경감되는 효과를 경험하기도 한다.

걱정에 이름표 붙이기는 생각 모니터링thought-monitoring의 일종으로 만성적인 걱정에 시달리는 환자들에게 많은 도움이 된다. 걱정을 분류하다 보면, 머릿속을 어지럽히는 생각들로부터 거리감이 생겨나 생각과 자기 자신 사이에 분명한 선을 그을 수 있게 된다. 이 단계는 다음에 나올 수용과 깨어있음을 실행할 수 있도록 준비하는 과정이다. 램프 치유법은 걱정스러운 생각들을 바꾸려고 애써 노력하기보다는 걱정을 걱정으로 받아들임으로써 무의미한 노력에서 해방되도록 한다. 자신을 괴롭히던 생각들이 사실은 '걱정에 불과했음'을 깨닫도록 하는 것이다. 그리고 이런 과정을 통해 걱정을 유발하는 요인이 무엇인지, 걱정에 대해 자신이 어떤 반응을 보이는지 인식하게 되면 다른 걱정이 생기더라도 이를 확인하고 분류할 수 있다.

2단계 : 통제욕구 버리기

걱정이 많은 사람이 문제나 위협에 부딪히면 그 문제를 통제하거나 제거하려 하는 욕구가 자동으로 생긴다. 일반적으로는 투쟁 도피 반응을 통해 통제하려 들기 마련인데, 불안과 걱정에 대해 자발성을 발휘하려면 제일 먼저 이 통제반응을 없애야 한다. 구덩이 속에 빠졌을 때는 일단 삽을 버려야 한다.

투쟁 도피 반응은 통제욕구(땅속으로 파들어가는 결과를 낳고 만다)와 밀접한 연관이 있다. 따라서 이 반응을 적절히 이완시키면 수용과 깨어있음을 실행하기 위한 발판을 마련할 수 있다. 통제를 수용으로 전환하기 위한 여러 가지 훈련방법은 뒤에서 소개할 것이다. 많은 치료사들이 실제 치료과정에서 이 훈련법들을 활용하는데, 이는 걱정이 많은 사람들이 종종 경험하는 만성 근육긴장을 일시적으로나마 완화시킨다. 하지만 통제욕구를 버리는 훈련은 단순히 '불안을 제거하기 위한' 방법이 아니라는 사실을 명심하기 바란다. 이 단계의 목적은 통제욕구 자체를 버리는 데 있다. 이 훈련을 마치고 나면 불안을 포함한 모든 종류의 감정을 자유롭게 느낄 수 있게 될 것이다.

3단계 : 생각과 감정 받아들이기

명확하게 인식한 불안이나 걱정을 관찰하고 받아들이는 단계다. 자신의 생각과 감정을 받아들이는 능력은 일정 시간을 투자해 훈련을 거쳐야만 계발된다. 생각과 감정을 받아들이려면 두 가지 개념을 알아야 한다. 첫 번째, 당신은 걱정거리들보다 훨씬 더 큰 존재다. 생각 · 감정 · 경험으로부터 자신을 더욱 잘 분리시킬 수 있게 되면, 관찰자로서 당신이 무엇을 목격했든지 간에 이들을 더욱 많이 수용할 수 있다.

두 번째, 생각이 가리키는 사물 · 사람 · 사건과 생각을 따로 분리시키는 법을 배워야 한다. 수용전념치료에서는 이를 가리켜 인지적 탈융합이라고 부른다. 이 단계는 다소 어려운 부분이라 '어떻게 해야 한다'고 정확하게 설명하기 힘들다. 휘파람 부는 법을 가르칠 때 "입술을 동그랗게 오므리고 바람을 불어 봐."라는 설명만으로는 충분하지 않은 것과 같은 이치다. 중요한 것은 자신의 생각과 감정을 관찰하는 것이 시작이다.

4단계 : 현재 순간에 충실하기

깨어있음은 이 단계에서 가장 중요한 요소이며 자발성과 수용을 개발하기 위한 하나의 기술이다. 자신의 생각과 감정을 수용한다는 말은 이들을 인식한다는 의미다. 주어진 순간에 경험하는 모든 것을 인식하고, 열린 자세로 자신의 경험을 관찰하는 것을 뜻한다. 깨어있음으로써 우리는 생각, 감정, 감각과 같은 주관적인 경험을 객관적으로 볼 수 있게 된다.

걱정하다 보면 자꾸 과거에 초점을 맞추게 되지만, 깨어 있으면 현재 상황에 집중할 수 있다. 램프 치유법의 1단계 걱정에 이름표 붙이기는 깨어있음의 시작이다. 생각과 감정을 받아들이는 단계에서도 깨어있음이 필요하지만, 이번 단계에서는 수용을 한층 확장시켜 감정이나 생각뿐만이 아니라 경험까지 받아들이도록 한다.

5단계 : 올바른 방향으로 나아가기

걱정이 지나친 사람들은 불안이 발생하면 문제를 회피하거나 문제 해결을 미루는 반응을 보이곤 한다. 또한 일상에 의심 가는 부분이 생길 경우, 확실하게 밝혀질 때까지는 어떠한 행동도 취할 수 없다고 믿는다. 불확실한 것을 잘 참아내질 못하기 때문에 걱정에 이름표 붙이기를 할 때에도 갈피를 잡지 못한 채 마비상태에 빠져버리기 일쑤다.

이 단계는 수용전념치료에서 전념에 해당되는 부분이다. 방향을 선택하고 특정한 행동에 전념하며, 이러한 행동을 끝까지 해내는 과정을 의미한다. 이때 나아갈 방향은 개인이 가장 중요하게 여기는 가치에 따라 결정된다. 특히 삶의 중요한 가치들을 명확히 인식하고, 이러한 가치를 나침반 삼아 앞으로 나아갈 올바른 방향을 선택할 수 있도록 도와준다. 또한 어떠한 행동이 자신의 가치와 가장 일치하는지를 솔직하게 판단하고, 주어진 선택에 따라 생각하고 느끼고 경험할 때에도 자발적으로 행동할 수 있도록 한다.

걱정의 진행과정

램프 치유법은 걱정과 불안에 대한 내·외적인 자발성을 발달시키는 데 도움이 된다. 내적인 자발성이란 자신의 생각과 감정 그리고 감각을 있는 그대로 생각하고 느끼며 경험하고자 하는 의지를 뜻한다. 수용과 전념 중에 '수용'에 해당하는데, 걱정에 이름표 붙이기→통제욕구 버리기→생각과 감정 받아들이기→현재 순간에 충실하기의 단계를 거쳐 실행으로 옮겨진다.

외적인 자발성은 행동으로 옮기려고 하는 의지를 가리킨다. 이는 '전념'에 해당되는 것으로 램프 치유법의 마지막 단계인 올바른 방향으로 나아가기와 직결된다.

'걱정의 진행과정'은 걱정이 발전해나가는 과정을 보여준다. 걱정은 주로 외부의 어떤 사건으로부터 시작되는데, 내부에서는 걱정과 관련된 생각과 감정 그리고 느낌이 발생한다. 이러한 내적 반응들은 초조와 긴장, 심장박동수, 배탈과 같은 신체적인 증상으로 나타난다. 대부분의 사람들은 걱정거리가 생기면 그에 대한 행동을 취하지만, 걱정이 지나친 사람들은 문제를 적극적으로 해결하기보다는 이를 회피하거나 미루고 다른 걱정과 관련된 행동을 하는 등의 반응을 보인다. '수용과 전념'은 램프 치유법이 우리의 내외면에 일으키는 작용을 나타낸 것이다. 이제 걱정이 생겨도 무조건 문제 상황으로부터 도망치던 모습에서 벗어나 삶의 주도권을 되찾을 수 있다.

걱정의 진행과정

걱정 발생 ▶ 생각, 감정, 감각 ▶ 걱정과 관련된 행동

외적 요인으로 인해 걱정이 생겨나면 그와 관련된 생각, 감정, 감각이 나타나게 된다(외부→내부). 그것은 다시 일정한 행동 반응으로 이어진다(내부→외부).

수용과 전념				
전념	▶	**수용**	▶	**전념**
올바른 방향으로 나아가기		걱정에 이름표 붙이기, 통제욕구 버리기, 생각과 감정 받아들이기, 현재 순간에 충실하기		올바른 방향으로 나아가기

램프 치유법을 이용하면 걱정거리가 생기더라도 수용하고(외부→내부) 다시 자신의 삶을 살아갈 수 있게 된다(내부→외부).

2부
불안을 놓아주는 확실한 방법

5장

랩프 치유법 1단계

걱정에 이름표 붙이기

인간의 생각은 끊임없이 흐르는 강물 같아서 살아있는 동안 멈추지 않는다. 집중하고 있든 아니든 간에 생각은 꼬리에 꼬리를 물고 머릿속으로 들어온다. 그래서 종종 생각을 하면서도 자신이 무슨 생각을 하고 있는지 제대로 인식하지 못하는 경우가 생긴다.

걱정의 덫에서 벗어나기 위해서는 쉴 새 없이 머릿속을 오가는 생각 중에서 조심해서 처리해야 할 덫, 즉 걱정이 무엇인지를 스스로 파악할 수 있어야 한다. 이 장에서는 램프 치유법의 첫 번째 단계인 '걱정에 이름표 붙이기'에 관해 자세히 알아보자.

나는 생각이 너무 많아

당신은 하루에 몇 번 생각을 하는가? 이 질문에 대한 대답은 모두 똑같을 것이다. 누구나 날마다, 온종일 생각을 한다. 인간은 생각하면서 살아가고 생각을 통해 자신의 존재를 증명한다. 이 책을 읽는 순간도 예외는 아니다. 한 문장을 읽어 내려갈 때마다 그 속에 숨겨진 의미를 파악하기 위해 쉴 새 없이 생각을 계속하고 있을 것이다.

하지만 그와 동시에 다른 생각들이 머릿속을 스쳐가기도 한다. 지금 시간이 몇 시였더라, 날씨가 너무 추운데 난로를 켜야 할까, 잠깐 휴식을 취하며 간식을 먹는 건 어떨까 등등 잡다한 생각들이 떠오를 수 있다. 또는 이런 질문을 던질지도 모른다.

지금 읽고 있는 장을 끝까지 다 읽을 만큼 여유가 있을까, 이 책의 내용이 정말 도움이 될까. 이처럼 우리는 잠시도 생각하기를 멈추지 않는다. 멍한 상태에 있을 때 누군가 무슨 생각을 하냐고 묻는다면 아무 생각도 안했다고 대답하겠지만, 머릿속으로는 계속 무언가를 떠올리고 있었을 것이다.

생각은 자신의 의지와는 상관없이 끊임없이 발생하기 때문에 가끔은 냉장고가 돌아가는 소리나 희미하게 느껴지는 심장 박동처럼 전혀 의식하지 못할 때도 있다. 그러다 걱정이 생기면 불안함을 느끼면서 이유도 모른 채 투쟁 도피 반응을 보이게 된다. 이번에는 자신이 평소에 어떤 생각을 하며 살아가는지를 살펴보고 이를 통해 얼마나 많은 시간을 걱정하는데 쏟아붓고 있는지 알아볼 것이다.

쉴 새 없이 생각을 이어가다 보면 자연적으로 자신의 생각이 곧 자아의 중심이라고 여기게 된다. 스티븐 헤이즈는 '내 생각이 곧 나를 증명해'라고 믿는 이러한 현상을 가리켜, 생각을 통해 세상을 관찰하는 것이라고 묘사했다. 이번 장에서 소개하는 훈련법을 연습하면 이런 오류에 빠지지 않고 자신의 생각을 객관적으로 관찰할 수 있게 될 것이다.

내 생각 관찰하기

자신이 무슨 생각을 하고 있는지 자세히 알 수 있는 가장 손쉬운 방법은 바로 기록이다. 생각을 기록하려고 하면, 맨 처음에는 단어로 옮겨 적는 것마저도 매우 힘들게 느껴진다. 생각에는 언어만 존재하는 것이 아니라 추상적인 개념, 오래된 추억, 음악, 이미지 등이 공존하기 때문이다. 지나가는 모든 생각을 다 기록하려고 애쓰지 말자. 차라리 문장이나 여러 단어를 통해 생각한 내용의 핵심이 무엇인지 파악해보는 것이 낫다. 기록할 때는 마음속에서 나온 '생각'임을 강조하기 위해 작은 따옴표를 사용해 구분한다. 그럼 간단한 훈련부터 시작해보자.

걱정 인식훈련 1 | **생각 관찰하기**

먼저 종이와 연필을 준비한다. 잠시 자신의 생각을 관찰하고, 관찰한 생각들을 단어나 문장으로 기록한다.

샘플 A. 아래에 나와 있는 목록들을 천천히 머릿속으로 읽으면서 어떤 생각이 드는지 자세히 관찰한다. 관찰이 끝나면 인식한 생각들을 모두 적고 작은 따옴표로 묶은 다음 '샘플 A'라는 라벨을 붙인다.

초콜릿	초콜릿 쿠키
버터 피칸 아이스크림	딸기
페퍼민트	피스타치오
찰흙	바위투성이 길
바나나	칵테일
초콜릿 바	초콜릿 칩
바닐라	커피

샘플 B. 샘플 A에서처럼, 아래에 나와 있는 목록을 머릿속으로 읽는다. 그 후 떠오르는 생각을 기록하고 '샘플 B'라는 라벨을 붙인다.

오렌지	포도
체리	대출
레몬	이혼
암	피
세금	은퇴
성관계	돈
아이들	죽음

목록을 읽으며 무슨 생각을 했는지 조금이나마 포착했는가? 처음 이 훈련을 하면 어려움을 느낄 수 있다. 하지만 자꾸 반복해서 연습할수록 생각을 관찰하고 기록하는 일이 훨씬 더 수월해진다.

자신이 직접 작성한 기록들을 살펴보자. 두 종류의 생각이 비슷한가? 반응을 유발하는 요인, 즉 목록에 따라 생각이 어떻게 달라졌는지 꼼꼼히 살펴보자. 샘플 A의 경우, 대부분 자신의 구체적인 취향에 따라 반응한다. 많은 사람이 목록을 보면서 아이스크림을 떠올렸을 것이다. 이 외에 다음과 같은 생각을 했을 수도 있다.

'난 커피 아이스크림이 싫어.'

'아빠와 함께 아이스크림을 사러 갔었는데….'

'어제는 아이스크림을 너무 많이 먹었어.'

샘플 B에 열거된 목록 중에는 샘플 A보다 감정을 자극하는 단어가 섞여 있다. 감정이 발생하면 생각이 더욱 선명해지거나 강렬해진다. 이런 생각들이 관찰하기에는 더 수월하다. 그러나 감정과 관계된 경우, 본능적으로 이러한 생각이나 이미지들을 회피하거나 아예 이들을 관찰하고 기록하는 것 자체를 거부하기도 한다. 일단 생각을 모니터링하고 기록하는 법을 시도해보았다면, 앞으로는 감정이 북받쳐 오를 생각들도 관찰할 수 있도록 열린 자세를 유지하는 것이 중요하다.

나도 모르게 시작되는 걱정

과도한 걱정에 시달리는 사람들은 대부분 아주 오래전부터 걱정이 끊이지 않았다고 호소한다. 걱정이 장시간 반복되면 어느새 자신이 걱정을 하고 있는지조차 깨닫지 못하는 시점에 도달한다. 그러나 걱정에는 일정한 패턴이 있어서 이를 이용하면 지금 하는 생각이 걱정인지 아닌지 파악할 수 있다.

'만약 …라면'이라는 사고방식

걱정의 가장 전형적인 형태는 앞으로 닥쳐올 부정적인 결과와 미래에 관한 것으로, 주로 '만약 …라면 어떡하지'와 같은 사고방식을 통해 표출된다. 예를 들어 '만약 사고라도 당하면 어떡하지, 잠깐 나간 사이에 집에 불이라도 나면 어떡하지?'라는 식이다.

가끔은 이런 생각이 유용할 수도 있다. 문제가 발생했을 때 바로 대처할 수 있도록 해주기 때문이다. 하지만 '만약'이란 생각은 주로 통제하기 힘든 결과와 연결되어 떠오른다. 게다가 이런 생각은 사전에 예방 조치를 취했는데도 계속 머릿속을 맴돈다. 다리미 코드를 뽑았고 히터도 껐는데 '만약 내가 없는 사이 집에 불이라도 나면 어떡하지?'라는 생각을 계속한다고 해서 무슨 도움이 있겠는가?

'혹시라도 …라면 어쩌지'라는 걱정을 많이 하는 사람들은 불확실한 것을 잘 참아내지 못하는 편이다. 이들은 현재의 일이 미래에 어떤 결과를 가져다줄지 매우 궁금해한다. 결정을 내릴 때에도 자신의 선택으로 어떤 결과가 나타날지 정확히 파악하기 전까지 어떠한 행동도 취하지 않으려 한다. 그러나 우리 모두 잘 알고 있듯이, 미래는 예측 불가능하다. 자신이 선택한 행동이나 의사 결정이 어떤 결과를 초래할지 미리 파악한다는 것은 초능력에 가깝다. 그래서 어떻게든 미래의 불확실성을 줄이기 위해 '만약'이라는 생각을 만들어낸다. 이 과정은 불안에 뿌리를 두고 있기 때문에 '만약'은 결국 부정적인 결과를 예상하는 것으로 이어질 수밖에 없다.

걱정이 지나친 사람들은 부정적인 결과를 떠올릴 때 주로 두 가지 반응을 보인다. 가능성을 과대평가하거나 재앙화하는 것이다. 걱정하는 일이 쉽게 발생하지 않는다는 사실을 알고 있으면서도 '혹시나' 일이 잘못될 가능성을 과대평가한다. 예를 들어 안전한 대로변을 걸어가면서도 노상강도를 당하지 않을까 염려하고, 감기에 걸리면 폐렴으로 악화될까봐 노심초사한다. 이들은 나쁜 일이 발생하면 도저히 대처할 수 없을 것이라 생각한다. 자신의 힘으로는 어쩔 수 없는 불행, 즉 재앙처럼 여기고 절망한다. 사실은 살아오면서 수도 없이 많은 힘든 상황들을 경험했고, 지금까지 잘 이겨내 왔음에도 불구하고 말이다.

걱정 인식훈련 2 | **'만약 …라면' 리스트 만들기**

최근에 '만약 …'이라는 생각을 경험했다면 기억나는 대로 목록을 작성해보자. 이러한 생각들이 부정적인 결과의 가능성을 과대평가한 것인지 또는 재앙화한 것인지에 관해 직접 판단해본다.

지나간 일 되새기기

걱정은 과거에 일어났던 일에 대한 지속적인 불안이나 생각의 형태로 나타나기도 한다. 심리학자들은 이를 가리켜 반추라고 부른다. 반추할 때 우리는 이미 예전에 일어났던 사건을 생각하며 걱정한다. 때에 따라서는 분석적인 성향을 보이기도 하는데, 누군가 말했던 내용을 떠올리며, '그 사람이 무슨 의미로 그런 말을 했을까?'에 대해 끊임없이 생각하는 식이다. 자신이 했던 행동을 기억하며 불안한 마음으로 '그런 행동은 하지 말았어야 하는데!'라든가 '대신에 이 말을 할 걸 그랬어!'라며 후회하기도 한다. 이처럼 반추를 하다 보면 시계를 거꾸로 돌려 과거로 돌아가 어떤 특정한 행동이나 상황을 재현하고 싶어진다.

반추의 또 다른 특징은 바로 '왜?'라는 질문을 반복하는 것이다. 그러나 누구도 '왜'에 관해 대답해줄 수 없다. 결국엔 질문을 거듭할수록 기분만 상하게 된다. '나는 왜 빌 게이츠처럼 돈을 많이 벌 수 없는 걸까?'라든가 '왜 하필 오늘 비가 내리는 거야?', '많고 많은 사람 중에 왜 하필 나야?'라는 생각을 아무리 반복해봤자 생산적인 결론에 이를 수가 있겠는가?

'왜?'라는 질문에는 일이 진행되는 방식이 마음에 들지 않는다는 의미가 숨겨져 있다. 이런 태도는 현실에 알레르기 반응을 보이는 것과 비슷하다.

반추는 말 그대로 비생산적이다. 우리가 맡은 역할을 잘 수행할 수 있도록 도와주기보다는, 불안과 죄책감 또는 압박감을 조장한다. 예전에 내렸던 선택과 비슷한 결정을 내려야 할 때, 과거의 좋지 않았던 사건을 떠올리는 행동이 도움이 되기도 한다. 과거에 자신이 내린 선택이 어떤 결과를 낳았는지 기억하고 미래의 선택에 반영하는 것은 매우 유용하다. 그러나 이 역시 아주 짧은 시간 안에 떠올려야 한다. 도움이 되었던 생각조차 다른 상황에 적용하기 시작하면 비생산적인 반추가 되기 쉽다. 월요일 아침 출근하는데 어떤 옷을 입어야 할지 고민하면서 다음과 같은 생각을 떠올렸다고 가정해 보자.

'지난주 금요일에 내가 이 옷을 입었던가?'

집을 나서기 전에 이런 생각을 떠올렸다면 도움이 될 수 있다. 지난주 금요일에 같은 옷을 입고 출근한 것이 분명하다면, 다른 옷으로 바꿔 입을 수 있기 때문이다. 그런데 직장에 도착해서야 떠올랐다고 해보자. 이 순간에 떠올린 생각은 비생산적이다.

또한 반추는 불안뿐만 아니라 죄책감이나 압박감 같은 감정을 불러일으키기도 한다. 죄책감은 불안의 특별한 형태로서 주로 과거에 있었던 사건으로 인해 발생한다. 물론 불안과 마찬가지로 죄책감도 때때로 유용한 기능을 한다. 죄책감 덕분에 개인적인 양심이나 사회적인 규약에 위배되는 행동을 억제한 경험이 누구나 있을 것이다. 그러나 양심에 거리끼는 선택을 하지 않았음에도 불구하고 마음속의 죄책감이 사라지지 않는다면, 이는 결국 비생산적인 반추에 불과하다.

과거의 선택이나 사건을 떠올릴 때마다 다시 예전으로 되돌아가 이를 뜯어고치고 싶어 하는 강한 욕구는 우울증을 유발한다. 우울증의 대표적인 특징은 주변 환경으로부터 자신을 차단시키고 제한된 반응만 보이는 것이다. 그래서 어떤 상황에 처하게 되면 매우 무기력해져서 아무런 반응도 보이지 못하게 된다. 과거로 돌아가 옛 사건을 바꾼다는 것은 불가능한 일이기 때문에 반추를 거듭하는 사람들 역시 대부분 무기력증에 빠지고 만다.

과거에 일어난 사건을 통제하고 싶어 하는 것은 거대한 산을 움직이려고 힘을 쏟는 것이나 마찬가지다. 산이 그곳에 있듯 과거는 이미 정해져 있고 움직일 수 없다. 이미 정해진 현실을 밀어내려고 노력하면 할수록 고통만 더해진다.

걱정 인식훈련 3 | **과거를 곱씹지 않기**

최근에 반추한 기억이 있다면 생각나는 대로 목록을 적어보자. 그리고 이러한 생각들이 불안, 죄책감 또는 우울과 연관이 있는지 판단해본다.

걱정으로 해결되는 일은 없다

사람들이 끊임없이 걱정하는 이유 중 하나는, 걱정이 계획을 세우거나 문제를 해결하는 과정이라고 믿기 때문이다. 이들은 자신이 생산적인 일을 하고 있다고 확신하며 '만약 걱정을 그만 둔다면, 앞으로 일어날 일들을 감당하지 못할 거야.'라고 생각해 머릿속에서 걱정을 떨쳐내는 것 자체를 두려워한다. 그러나 걱정은 문제 해결에 전혀 도움이 되지 않는 비생산적인 활동일 뿐이다. 계획 세우기 및 문제 해결과 걱정의 차이를 이해하게 되면, 비생산적인 사고 활동에 매달려 있을 때 이를 쉽게 인식하고 걱정으로 분류할 수 있다.

계획 세우기

미래에 발생할 일들을 상상하고 예견하는 일은 언어 및 사고 능력과 함께 인간이 가진 특수한 능력 가운데 하나다. 이러한 능력 덕분에 인간은 계획에 세워 주변 환경을 컨트롤할 수 있다. 물론 결과는 상황에 따라 더 개선될 수도, 악화될 수도 있겠지만 말이다. 샌드위치부터 고층 빌딩에 이르기까지, 많은 성과가 계획을 세우는 데에서 시작되었다.

그렇다면 계획은 어떤 과정을 거쳐서 수립되는가? 먼저 앞으로 할 행동들을 순서대로 나열한다. 그리고 미래에 벌어질 일들을 상상함으로써 그 다음에 어떤 행동이 와야 할지를 결정하고, 그 과정에서 예상되는 문제를 피하거나 예방하기 위해 합리적인 예방 조치를 취하기도 한다. 그런데 예상되는 사건과 문제에 대비해 취할 수 있는 행동방안이나 예방조치를 찾을 수 없는 경우도 종종 있다. 이럴 때 우리는 계획을 세우는 것이 아니라 걱정을 하게 된다.

문제 해결하기

계획을 세우다 보면 종종 문제점을 먼저 인식하게 되거나 예상하지도 못했던 곳에서 문제가 불쑥 튀어나오는 것을 발견하기도 한다. 문제가 드러났을 때 가장 먼저 나타나는 반응은 불안이다. 이러한 불안이나 투쟁 도피 반응은 매우 자연스러운 현상으로서 위협에 대비해 생물학적으로 입력된 반응이다. 즉흥적인 문제 또는 예상했던 문제가 발생했을 때 효과적인 문제 해결 절차를 밟을 수만 있다면 이는 큰 도움이 된다.

문제 해결하기는 당면한 상황에 알맞은 해결책을 제시하고 이들을 평가하는 행위를 가리킨다. 우리는 문제 해결의 과정을 거쳐 취해야 할 행동들은 선택할 수 있다. 가능한 해결책을 제시하지도 못하고 평가하지도 못한 채 문제만 가지고 고민한다면 이는 문제 해결이 아닌 걱정을 하는 것에 불과하다.

계획 세우기 및 문제 해결과 걱정의 과정과 결과를 비교해보자.

과정	결과
계획 세우기	일련의 행동과 이성적인 예방조치
문제 해결하기	가능한 해결책의 제시와 평가
걱정하기	계속 증가하는 불안, 지연 그리고 회피

계획 세우기와 문제 해결하기 과정 사이를 오갈 때가 가장 생산적이라는 사실을 알 수 있을 것이다. 계획을 세우는 과정에서 예상했던 문제와 부딪히면 문제 해결 모드로 돌아가서 여러 해결책을 나열해본다. 그중에서 최선의 방법을 선택하고 이

해결책을 실제로 응용하기 위한 계획 세우기 모드로 변화하는 것이 가장 이상적이다.

걱정의 목록 만들기

걱정의 원인을 파악하자

우리는 주로 무엇 때문에 걱정을 하는가? 걱정을 야기하는 원인을 한번 찾아보자. 걱정의 원인이 되는 사람들이나 장소 또는 사건들을 예의주시하다 보면 쉽게 걱정을 인식할 수 있다.

걱정으로부터 도망치기 위한 전략으로 걱정을 주시한다고 생각하는 사람들도 있는데 이는 잘못된 생각이다. 걱정의 원인을 찾는 이유는, 걱정을 불러일으키는 요인들 간의 공통점을 찾아내 통제반응이 나타나는 상황을 스스로 인식하기 위해서다. 걱정이 발생하기 쉬운 상황을 알아차리면 램프 치유법을 적용하기도 쉬워진다. 기억해두자. 걱정의 원인이 되는 것들을 피하기보다는 오히려 찾아내려고 파헤치는 편이 도움이 된다. 걱정이 야기될만한 상황을 피하려다 보면 오히려 걱정과 불안이 더욱 반복해서 발생하기 때문이다(이에 관해서는 10장에서 자세하게 살펴볼 것이다).

여행, 사회적 상호작용, 질병, 막중한 책임 등 걱정을 불러일으키는 요인들은 다양하다. 가족이나 사랑하는 사람 같은 특정한 인물이 걱정의 원인이 될 수도 있으며, 걱정을 토로하는 사람들 사이에 끼어있다 자신도 모르게 걱정이 생겨버릴 수도 있다. 걱정을 유발하는 장소도 있는데 집에서보다는 공공장소나 직장에서 걱정이 심해지는 경향이 있다. 만약 밤마다 잠을 못 이루고 뒤척인다면 이 경우 침대가 걱정을 유발하는 장소다. 걱정은 어떤 특정한 행동이나 활동에 의해 발생하기도 한다. 통장잔고를 점검한다거나 새 옷을 입어본다거나 심지어 심야 뉴스를 보는 행동들도 걱정을 유발할 수 있다.

걱정 인식훈련 4 | **걱정의 원인 찾기**

걱정을 유발하는 원인을 적어본다. 걱정이 생기는 상황이나 사람들, 장소 그리고 행동들이 무엇인지 확인해보고, 실제로 이러한 요인들이 나타났을 때 걱정이 발생하는지 스스로를 주의 깊게 관찰해보자.

걱정의 주제를 구분하자

여러분은 주로 무엇에 관해 걱정을 하는가? 건강, 인간관계, 재정상태, 재난 등 걱정거리를 주제별로 분류해보자. 사람들은 이런 주제에 따라 구체적인 문제들을 떠올리며 걱정한다. 건강의 경우에는 '만약 암에 걸리면 어떻게 하지?' 또는 '심장이 너무 빠르게 뛰고 있어. 혹시 무슨 문제가 있는 것은 아닐까?' 등의 걱정이 이 주제에 포함될 것이다.

자신의 주로 걱정하는 주제들에 관해 목록을 작성해놓으면, 실제로 걱정이 발생했을 때 이를 감지하고 걱정이라는 이름표를 붙이기가 수월하다. 또한 나중에 소개할 노출 훈련을 하는 데도 도움이 된다.

걱정 인식훈련 5 | **주제별로 분류하기**

자주 하는 걱정의 주제를 나열해보자. 각 주제에 따라 평상시 해왔던 생각들을 2~3개씩 적어본다. 앞의 훈련에서 각자 작성한 목록들을 참고해도 좋다.

주제① 직장 걱정

상사가 내게 말을 걸지 않는다. 나를 싫어하는 걸까?

이번 프로젝트를 제시간에 끝마치지 못하면 잘리는 거 아닐까?

이 나이에 직장을 잃게 되면 과연 새 직장을 찾는 게 가능할까?

주제② 가정 걱정

아내의 말투가 왠지 뚱한 것 같다. 내게 화가 난 걸까?

아이가 제대로 등교했는지 학교에 전화라도 해볼까?

만약 결혼생활이 파탄난다면 그땐 어떻게 해야 할까?

주제③ 재정상태 걱정

은행계좌에 얼마 남아 있더라, 잔고가 얼마 없으면 어떡하지?

난 왜 처남만큼 돈을 많이 벌지 못하는 걸까?

내가 미쳤지. 어젯밤 왜 그렇게 비싼 저녁을 샀을까?

걱정 이후에 찾아오는 반응

걱정에 뒤따르는 감정

걱정할 때 나타나는 감정의 종류는 매우 다양하다. 안절부절못하며 초조해지거나 신경질적이 되는 경우가 많고 어떤 사람들은 피부의 감촉이 이상하게 느껴진다고도 한다. 걱정은 좌절과 불안 등의 감정을 동반한다. 이 중에서도 가장 두렵고도 불편한 감정은 바로 '최후가 다가오고 있다는 느낌'이다.

최후가 다가오는 듯한 느낌을 겪어본 사람들은 이렇게 말한다. '나는 끔찍한 일이 다가오고 있다는 사실을 이미 알고 있었어. 이제 끝장이라고 생각했지.' 심리학자들은 이와 같은 사고방식을 가리켜 '과잉각성hypervigilance'이라고 부른다. 과잉각성은 투쟁 도피 반응의 일종에 속한다. 과잉각성이 일어나면 입력된 정보를 한쪽으로 치우쳐서 편협한 방식으로 처리하고, 자신을 위협하는 것은 없는지 끊임없이 살핀다. 이 반응이 일어나면 실제 위험 여부를 떠나서, 주위에 온통 위협이 도사리고 있는 듯한 느낌을 받는다. 낯선 숲속에 혼자 남겨졌을 때, 모든 나무와 바위 뒤에 위험한 동물이 숨어있는 듯 느껴져서 조그마한 소리에도 소스라치게 놀라는 모양을 상상하면 될 것이다.

과잉각성과 함께 나타나는 '임박한 최후'에 관한 생각은 매우 비이성적이지만, 오류를 입증하기가 힘들다. 사실 안 좋은 일은 세상 사람 누구에게나 일어난다. 살다 보면 누구라도 병에 걸리거나 사고를 당할 수 있으며, 또 사랑하는 사람을 잃는 슬픔을 경험하게 된다. 두려워하든 그렇지 않든 간에 이런 사건들은 인생사의 일부분이다. 하지만 언제, 어떤 방식으로 발생할지 아무도 모른다는 점이 걱정 많은 사람들을 괴롭힌다. 그러나 최후가 다가오고 있다는 느낌을 떨치지 못한 채 몸부림쳐봤자 미래로부터 자신을 보호할 수는 없으며 오히려 현재를 살아가는 데 방해만 될 뿐이다.

자신에 대한 걱정할 때는 운명이나 두려움, 불안감, 짜증, 고통과도 같은 감정이 함께 유발되는지 자세히 살펴보라. 이러한 감정들 역시 '내적 경험'의 일부분이다. 그렇기 때문에 이를 없애거나 통제하기보다는 객관적으로 관찰하고 경험하고자 노력해야 한다. 감정을 느껴보고 이들을 경험의 일부분으로 받아들이자. 또한 이러한 감정과 함께 동반되는 생각에도 관심을 가지도록 한다.

걱정 인식훈련 6 | **감정 묘사하기**

걱정하면서 경험한 감정을 묘사해보라. 그리고 이러한 감정들을 목록으로 작성해 나열해본다. 목록에 이름을 붙여놓으면, 실제로 이런 감정들이 발생했을 때 관찰하고 인식하기가 수월해질 것이다.

걱정에 따라오는 신체감각

투쟁 도피 반응은 몸으로도 나타나며, 사람마다 다르게 느낀다. 심장박동이 빨라진다거나, 근육이 긴장되거나 경련이 일어나는데 이러한 감각을 유난히 잘 느끼는 사람들도 있다. 이외에 굳게 다문 턱에 힘이 들어가고 피부가 얼얼해지고 손발이 차가워지거나 피부가 화끈거리고, 시야가 흐릿해지며, 등줄기로 땀이 흐르거나 불안함과 매스꺼움, 입이 바싹바싹 마르는 느낌이 드는 등 다양한 증상이 나타난다.

이 모든 반응은 투쟁 도피 반응에 따라 나타난다. 앞서 말한 대로 맹수가 우글우글한 숲속에서 살았던 시대에는 이러한 신체반응들이 인간의 생존에 도움을 주었다.

오늘날에는 불안을 느껴도 신체반응을 일으킬 필요가 없지만 그 필요성에 상관없이 투쟁 도피 반응에 동반되는 감각은 여전하다. 그러나 이러한 감각들 역시 생각이나 감정처럼 내적 경험에 속한다. 억지로 멈추거나 없애려고 노력하면 할수록, 더욱 강하게 나타날 뿐이므로 이들 역시 경험의 일부분으로 받아들여야 한다. 이를 위한 출발점으로 우선 신체감각을 감지하고 '걱정'이라는 이름표를 붙여보기 바란다.

걱정 인식훈련 7 | **걱정에 동반되는 신체감각 알아보기**

최근에 자신을 가장 괴롭혔던 걱정거리를 골라보라. 몇 분간 눈을 감고 선택한 주제를 떠올려본다. '만약 …라면 어쩌지'라는 질문을 던져보고 최악의 시나리오를 상상해본다. 그 생각에 몸이 어떤 반응을 보이는지 살펴본다. 머리부터 발끝까지, 신체의 앞과 뒤, 심지어는 머릿속까지 샅샅이 들여다보아야 한다. 최대한 모든 감각들을 관찰하고, 이를 목록화 하고, 과거에 걱정과 관련해 경험했던 신체감각도 적어본다. 그리고 각 감각에 '긴장', '얼얼한 느낌', '안절부절

못하는 불안감' 등의 이름표를 붙인다. 이렇게 하면 실제로 이러한 증상들이 나타났을 때 이를 관찰하고 받아들이기가 훨씬 더 수월해질 것이다.

왜 나는 미루고 도망칠까

잘 모르는 사람에게 아쉬운 부탁을 하기 위해 전화를 해야 할 때, 거절하면 어떻게 하나 걱정해본 경험이 있는가? 그리고 이런 상황에서 '조금 이따가 걸지, 뭐.' 하고 시간을 미루거나 아니면 계속해서 일을 만들어 '도저히 전화를 걸 만한 시간이 없었어.'라고 회피해버린 적은 없는가? 이러한 것들은 걱정과 관련된 전형적인 행동반응이다. 이것에 관해 좀 더 자세히 살펴보자.

걱정은 우선 피한다

걱정거리를 회피하고 그것으로부터 도망치는 것은 걱정과

관련된 행동 중 가장 흔히 볼 수 있는 유형이다. 회피는 여러 가지 형태를 통해 나타나는 데 걱정을 유발할 만한 활동이나 장소 또는 특정한 상황 자체를 피해버린다. 질병이나 죽음에 대한 걱정이 끊이지 않아 (혹시 나쁜 소식을 듣게 될까봐) 아예 병원을 가지 않고, 범죄의 희생자가 될까 두려워 범죄와 관련된 뉴스 기사는 보지도 듣지도 않는다. 만약 재정적인 문제로 고민이 많다면 가계부 따위는 아예 들여다보지도 않을 것이다. 병원에 가고, 뉴스를 보고, 가계부를 작성하는 일들이 관련된 걱정을 불러일으키기 때문이다.

어떻게 반복적으로 회피한 결과, 걱정을 많이 하는 사람들은 새로운 시도를 하거나 자신의 꿈을 좇아가는 것을 포기한다. 실패할 것이 두렵기 때문이다. 승진이나 이직 등 기회 자체를 포기함으로써 새로운 것을 시도했을 때 나타나는 불안과 '결과가 좋지 못하면 어쩌지' 하는 걱정을 원천봉쇄해버린다.

불안과 두려움은 내적 경험의 일부다. 이러한 생각과 감정들 또한 '버스에 올라탄 승객'들로서 대접해주어야만 한다. 이 승객들을 피하려면 계속 우회도로를 타는 수밖에 없고 그렇게 되면 '인생'이라는 버스는 당신이 원하는 길로 달리지 못한다. 결과적으로 자신이 진정 원하는 삶이 아닌, 불안을 피하기 위한 삶을 사느라 엄청난 희생을 치르게 될 것이다.

미루면 저절로 해결되나요?

어떤 일을 자꾸 뒤로 미룬다면, 그 또한 일종의 회피로 볼 수 있다. 일시적으로 뒤로 미뤄두는 것이 뭐가 그리 대수냐고 말할 수도 있지만 미루는 것도 목표를 향해 앞으로 나아가는 것을 방해하는 행동패턴이다.

지연시키기라는 반응이 발동하면, 특정 주제에 대해 생각하기를 꺼려 하며 생각과 관련된 불안을 경험하지 않으려 한다. 자꾸 일을 뒤로 미루는 사람들은 대부분 자타공인 완벽주의자들이다. 이들은 현실적으로 불가능한 기준을 세워 자신에게 적용한다. 언뜻 보기엔 자신에게 심하게 엄격한 사람들 같지만, 사실은 주어진 임무를 수행할 수 있을지 불안하기 때문에 미룰 타당한 이유를 만들어 피하는 것이다.

걱정하는 일을 처리할 생각을 할 때 심한 경우에는 몸이 얼어붙거나 정신이 멍해지는 등 일종의 마비상태에 빠지기도 한다. 이는 갑자기 자동차의 헤드라이트를 본 사슴이 움찔하며 순간적으로 걸음을 멈추는 모습과 비슷하다. 그러나 이렇게 일을 자꾸 미루다보면, 시간이 지날수록 피하려던 일이 점점 더 두려워진다. 이는 결국 계속해서 걱정과 지연을 반복하는 악순환으로 이어진다.

거리를 두는 사람들

걱정이 심한 사람들은 사회적 모임을 기피하는 경향이 있다. 특히 자기주장을 필요로 하는 장소는 더더욱 그렇다. 새로운 사람을 만나거나 사이가 좋지 않은 사람을 만날 수도 있는 장소라면 두말할 필요가 없다. 심지어는 잘 아는 사람을 만나더라도 대화 나누기를 꺼려 하고 눈도 마주치지도 못한다.

이런 사람들은 대중 앞에서 말을 하거나 자신의 의견을 표현해야 하는 자리도 피하려고 하는데, 다른 사람들이 자신을 어떻게 생각할지 지나치게 염려하기 때문이다. 그러나 제대로 사회생활을 해나가기 위해서는 자기주장을 통해 필요한 것을 요구할 수 있어야 하고, 때로는 '아니요'라고 당당하게 말할 수도 있어야 한다.

거절하기와 요구하기는 걱정이 지나친 사람들이 가장 피하고 싶어 하는 행동이다. 그러나 자꾸 피하다 보면 결국 다른 사람의 일에 쓸데없이 에너지를 쏟으며 자신이 중요하다고 여기는 일이 아닌 타인이 원하는 일을 하느라 시간을 낭비하게 된다. 대중 앞에서 말하기를 어려워 하고, 자신이 필요하거나 원하는 것을 요구하지 못하고, 타인의 요청을 거절하지 못하는 행동은 모두 걱정에서 도망치는 일이다.

완벽주의자의 심리

반복적으로 확인하고 점검하는 것 또한 걱정이 심한 사람들의 전형적인 행동패턴이다. 회피의 또 다른 형태로서, 재차 확인하는 행동을 통해 불안한 기분을 떨쳐내고자 한다. 확인에 확인을 거듭하는 이런 사람들은 사랑하는 사람이 잘 있는지 확인하기 위해 하루에도 수십 번씩 전화를 걸고, 일이 정확하게 완수되었는지 아랫사람을 닦달하며 수도 없이 점검한다. 또 상대방의 기분이 상하지는 않았는지 확인하기 위해 지나칠 정도로 여러 번 사과한다. 이 모든 행동은 일시적으로 불안감을 진정시키는 효과가 있을 뿐, 불안을 없애지는 못한다. 결국엔 얼마 안 가 다시 불안한 생각에 빠져든다.

그렇다면 이렇게 확인을 거듭하는 이유가 무엇일까? 미리 확인하며 실수를 예방하는 것과 걱정하는 것의 차이를 구별하지 못하기 때문이다. '이성적으로 몇 번 정도 점검하면 적당하다.'라는 합리적인 판단이 서야 한다. 그러나 앞서도 말했듯이, 이들은 끝없이 확인에 확인을 거듭한다.

무언가를 점검하는 이유는 두 가지다. 구체적인 목적이 있거나 아니면 단순히 불안을 줄이기 위해 점검하거나. 전자라면 단 한 번의 점검으로도 해결된다. 그러나 필요 이상 반복되는 점검들은 대부분 걱정에서 비롯된 행동이다. 예를 들어 메일을 보내고 나서 제대로 보냈는지 확인하기 위해 보낸 메일함을 열어보는 것은 합리적인 행동이다. 그러나 메일 주소가 잘못되지는 않았는지 처음부터 다시 살펴보고 있다면 이는 걱정행동의 일종이다.

부적이 없으면 불안해

미신은 문화의 일부분이다. 하지만 걱정이 심한 사람들은 미신에 필요 이상의 관심을 쏟으며, 미신을 개인적인 믿음으로 승격시키고 행동으로 실천한다.

줄리아는 결혼을 앞두고 있다. 그러나 특별한 일에 대해 말을 많이 하면 안 좋은 일이 생길 수도 있다는 미신 때문에 최대한 결혼에 대해서는 언급을 삼간다. 그녀는 버스를 타도 꼭 정해진 좌석에만 앉으며, 행운의 징표인 목걸이를 빠뜨리지 않고 챙긴다.

문제는 시간이 지날수록 이런 근거 없는 믿음의 강도가 세진다는 데 있다. 특히나 예상했던 비극적인 결과가 발생하지 않으면, 이 모든 것이 미신적인 행동의 덕택이라며 이를 더욱 절실히 믿게 된다.

나도 모르게 나오는 습관

많은 사람이 걱정이나 불안에 휩싸일 때면 나타나는 저마다의 습관들을 가지고 있다. 손톱을 물어뜯거나 발을 동동 구르고, 머리카락을 잡아당기거나 몸을 좌우로 흔드는 식이다. 이러한 충동적인 습관들은 목적의식이 전혀 없는 투쟁 도피 반응의 표현이다. 그저 안절부절못하는 정도라면 괜찮지만, 심한 경우에는 당사자를 비롯해 타인에게까지 해를 미칠 수 있다는 것이 문제다. 이 밖에도 걱정에 대한 충동적인 반응으로는 과식, 거식, 음주, 약물복용 등이 있다.

이러한 행동들은 다른 감정적 · 경험적인 회피에 비해 알아채기가 쉽지 않다. 그러나 행동반응을 자각하면 걱정도 잘 인식할 수 있다. 충동적인 행동들은 불안과 걱정을 일시적으로나마 회피할 수 있도록 도와주기 때문에, 사전에 이런 행동들을 차단함으로써 생각과 감정 그리고 감각을 있는 그대로 받아들일 기회를 얻을 수 있다.

걱정 인식훈련 8 | 걱정이 있을 때 무슨 행동을 하는가

걱정이 있을 때 보이는 행동에 관해 목록을 만들어보자. 당신이 피하려고 하는 상황이나 사람들 그리고 장소들을 떠올려본다. 자꾸 미루게 되는 일이나 피하고 싶은 사람이 있는가? 자기주장을 해야 할 때 당황하며 피하는가? 자꾸 확인하는 습관이나 믿고 있는 미신은 어떤 것들이 있는지, 걱정과 관련하여 충동적인 습관을 가지고 있지는 않은지 생각해본다.

걱정 모니터링 연습

지금까지 걱정을 유발하는 요인과 걱정과 관련된 생각, 감정, 신체적인 감각 등에 관해 알아보았다. 이제 하루 동안 자신의 걱정거리를 모니터링해서 직접 적용해볼 차례다. '걱정을 모니터링하라고? 종일 걱정거리에 대해 생각하느라 머리가 지끈거릴 정도라고!' 생각할지도 모른다. 그러나 아마도 대부분의 시간은 걱정을 쫓아내고 불안을 회피하기 위해 골머리를 썩이며 보냈을 것이다.

불안과 걱정을 쫓아내는 것은 그다지 효과적이지 못한 전략이다. 정말로 걱정스러운 생각과 불안한 감정으로부터 벗어나고 싶은가? 그렇다면 우선 적극적으로 자신의 걱정을 관찰하고 여기에 '걱정'이라는 이름표를 붙여보자. 자신의 머릿속을 떠도는 걱정을 먼저 자각해야 한다.

걱정 모니터링

이제부터는 자신의 걱정을 기록하며 모니터링해보자. 걱정 모니터링 양식을 몇 장 복사해서, 걱정이나 불안이 느껴질 때마다 자세하게 기록한다. 그 순간의 느낌과 생각을 하루 종일 세세하게 기억할 수도 없고, 기록하는 행위 자체가 그러한 감정들로부터 일정한 거리를 유지할 수 있도록 도와주기 때문에 그때그때 기록하는 것이 좋다.

일단 기록 양식의 왼쪽 빈칸에는 걱정을 불러일으켰던 상황이나 사건을 기록한다. 만약 정확한 원인을 모르겠다면 걱정이 시작되었을 때의 장소나 사건을 적어둔다. 가운데 칸에는 걱정하면서 들었던 생각과 감정, 감각 등을 기록한다. 생각을 적을 때는 작은 따옴표('')로 표시해두자. 생각은 단지 생각일 뿐이라는 사실을 강조하기 위해서다. 오른쪽 빈칸에는 자신이 하는 걱정과 관련된 행동들을 기록한다. 예를 들어 일을 자꾸 미루거나 반복해서 확인하는 행동을 적는다.

이런 식으로 며칠에 걸쳐 집중적이고 체계적인 방식으로 걱정을 모니터링하다 보면, 자신의 생각과 감정 그리고 감각에 대해 좀 더 객관적인 관점을 형성할 수 있게 된다. 예전에는 생각을 통해 세상을 보았지만, 이제는 냉정한 관점에서 자신의 생각을 관찰할 수 있게 될 것이다. 이러한 관점의 변화만으로도 걱정이 발생했을 때 대처하는 방식에 변화가 생길 수 있다.

또한 걱정 모니터링을 통해 자신의 내부와 바깥 세계의 차이를 구분할 수 있게 될 것이다. 앞으로 램프 치유법을 단계별로 배우게 될 텐데, 1~4단계까지는 가운데 칸에 기록한 내용으로 연습하고 5단계에서는 왼쪽과 오른쪽 칸에 기록된 내용을 근거로 적용하면 된다.

| 걱정 모니터링의 예 |

걱정의 원인	생각, 감정, 감각	걱정과 관련해서 한 행동
직장 동료가 위암에 걸렸다는 소식을 들었다.	'요즘 소화가 잘 안되는데 나도 혹시 심각한 병에 걸린 건 아닐까' 왠지 위가 더부룩하고 불편한 느낌이 들었다.	화제를 돌렸다
월요일에 저녁식사를 한 뒤로 그에게서 전화가 없다.	'혹시 내가 뭐 잘못했나?' 기분이 초조하고 착잡하다. 그 생각만 하면 가슴이 답답하다.	아무래도 확인해봐야 할 것 같아서 전화를 걸었다.
아침에 새 옷을 샀다.	'다시 보니까 영 안 어울리는데.' '내가 미쳤지. 다음 달 카드 값도 밀렸는데 새 옷을 사다니.' 짜증스럽고 정신이 산만하다.	가계부 정리를 내일로 미뤘다.

| 나의 걱정을 모니터링해보자 |

걱정의 원인	생각, 감정, 감각	걱정과 관련해서 한 행동

6장

램프 치유법 2단계

통제욕구 버리기

걱정거리가 생기면 마음속에서는 '통제반응'이라는 경보가 울리기 시작한다. 이 경보가 적당히 울리다 말면 괜찮지만, 끝없이 울릴 경우 신경이 쓰여 아무 일도 못하게 된다. 이번 장에서는 걱정을 통제하려는 충동을 조절하기 위한 '이완훈련'을 배워본다. 이완훈련을 이용하면 걱정으로 인한 긴장과 초조감이 생겼을 때 몸과 마음이 한층 편안해지는 것을 느낄 수 있을 것이다. 그러나 이완훈련의 목적은 불안을 제거하는 것이 아니다. 그보다는 자신의 감정과 생각을 보다 편안한 마음으로 받아들이기 위한 준비단계에 가깝다.

몸과 마음의 긴장을 풀 것

위험을 감지했을 때 나타나는 투쟁 도피 반응은 일정한 신체적 증상들을 동반한다. 우선 심장이 빠르게 뛰기 시작하며 혈압이 높아진다. 또한 동공이 확장되며 땀이 나기 시작하는데, 이러한 증상 대부분은 의식적으로 조절하기가 무척 어렵다. 그러나 호흡과 근육의 긴장은 다르다. 이 두 가지는 마음만 먹으면 충분히 조절할 수 있으며, 호흡은 더 조절하기 쉽다.

면접장 앞에서 호명되길 기다리며 숨을 크게 들이마셨다 내쉬어본 적이 있지 않은가? 혹은 중대한 일을 앞두고 심호흡을 가다듬었던 적도 있을 것이다. 이처럼 긴장이 고조되는 순간, 우리는 호흡을 이용하여 나름대로 투쟁 도피 반응을 늦추고자 노력한다.

호흡에 비해 다소 어렵지만 근육의 긴장도 어느 정도 통제할 수 있다. 주먹을 꽉 쥐고 힘을 주어보라. 팔에 있는 근육이 긴장되는 것을 알 수 있을 것이다. 반대로 근육을 이완시키는 것 또한 가능하다. 팔뿐만 아니라 자주 긴장하는 어깨, 등, 얼굴의 근육까지 이완시키는 방법을 연습해보자.

램프 치유법을 실시하기 위해선 반드시 이완을 연습해야만 하는 걸까? 우리가 이완훈련을 연습하는 이유는, 일시적으로나마 근육을 이완시킴으로써 자신의 생각과 감정들을 인식하고 받아들이기 위한 준비를 할 수 있기 때문이다(수용해야 할 감각 가운데 근육긴장이 포함된다는 것이 아이러니지만). 또한 근육을 이완시키는 것은 통제반응을 놓아준다는 의미에서 상징적인 자극제가 될 수 있다.

투쟁 도피 반응과 이완반응은 공존할 수 없다

먼저 투쟁 도피 반응의 작동원리에 관해 알아보자. 투쟁 도피 반응과 관련해 나타나는 신체적 변화들은 교감신경계의 지배를 받는다. 그러나 위협이 지나가고 몸의 긴장이 풀리면 투쟁 도피 반응과는 정반대인 이완반응이 생겨난다. 이완반응은 부교감신경계의 지배를 받는 것으로서, 두 가지 반응은 절대 동시에 나타날 수 없다는 것을 기억해두자.

교감신경은 응급상황이나 공격, 방어가 필요한 상황에서 작동해 몸과 정신을 흥분상태로 이끄는 반면, 부교감신경은 주로 휴식과 수면 등을 위해 작동한다. 교감신경을 '낮의 신경', 부교감신경을 '밤의 신경'이라고 부르는 것만 보아도 두 신경계의 차이를 알 수 있을 것이다. 이 두 가지 신경계는 동시에 작용할 수 없다. 따라서 각각 교감신경과 부교감신경의 지배를 받는 투쟁 도피 반응과 이완반응은 동시에 나타날 수 없다.

불안을 가라앉히는 호흡법

투쟁 도피 반응을 조절하는 가장 간단한 방법은 호흡이다. 숨을 크게 들이 마셨다 내쉬거나 코로 들이마시고 입으로 내쉬는 등 방법은 다양하다. 지금부터 호흡이 투쟁 도피 반응에 미치는 영향과 호흡조절법을 배워볼 것이다. 본격적인 내용으로 들어가기에 앞서 간단한 테스트를 해보자.

이완훈련 1 | **나의 호흡방법을 점검해보자**

발이 땅에 닿는 의자에 앉은 채 몸통을 꼿꼿이 세운다. 한 손은 가슴 위에, 다른 한 손은 배꼽 바로 위에 올려놓는다. 천천히 그리고 깊게 숨을 들이마셨다 내쉬며 어느 쪽 손이 움직이는지 자세히 관찰한다. 숨을 들이마실 때는 어느 쪽 손이 많이 움직이는가? 주로 가슴으로 숨을 쉬는가 아니면 복부로 숨을 쉬는가? 만약 두 군데 모두를 이용해 호흡한다면 처음 호흡이 시작되는 부위는 어디인가? 복부와 가슴을 비교해보면 어느 부위가 더욱 많이 움직이는가? 50대50 또는 80대20처럼 움직이는 비율을 가늠해보라.

호흡에는 가슴으로 하는 호흡과 복부로 하는 호흡, 이렇게 두 가지 종류가 있다. 호흡의 빠르기와 함께 호흡을 하는 부위(가슴 또는 복부) 역시 우리의 기분에 영향을 미친다. 복부로 깊숙이 호흡을 하면 감정이 차분히 가라앉은 것을 느낄 수 있을 것이다. 이는 근육으로 공급되는 산소량이 증가하여 이완을 촉진시키기 때문이다. 이처럼 복부로 하는 호흡은 부교감신경계의 이완반응을 자극한다.

휴식을 취하거나 잠을 잘 때와 같이 이완된 상태에서는 주로 복부로 호흡을 한다. 아이들이 곤히 자는 모습을 관찰해보면 배가 들썩거리는 것을 볼 수 있는데, 갈비뼈 바로 아래에 있는 횡격막으로 호흡을 하고 있는 것이다. 그러나 만약 스트레스가 많이 쌓이거나 위협적인 상황에 부딪혀 투쟁 도피 반응이 발생하면 호흡 부위가 가슴으로 옮겨간다. 물론 전혀 불안하거나 긴장되는 상황이 아닌데도 습관적으로 가슴호흡을 하는 사람들도 있다.

가슴호흡은 신체의 기능에 여러 가지 변화를 일으킨다. 우선 가슴으로 호흡을 하다 보면 몸속 이산화탄소의 비율이 떨어져서 결국 혈액의 산 함량이 줄어들게 된다. 그러면 신체는 알칼리성으로 바뀐 혈액에 반응해 혈관을 좁히는데, 이렇게 되면 뇌나 다른 조직체로 전달되는 혈액량도 제한을 받는다. 이런 반응들이 딱히 건강에 해로운 것은 아니지만, 문제는 투쟁 도피 반응의 신체변화와 같다는 데 있다. 습관적으로 가슴호흡을 하다 보면 (투쟁 도피 반응으로 인해 가슴호흡이 일어나는 것이 아니라) 호흡으로 인해 투쟁 도피 반응이 유발될 수도 있다. 실제로 오랜 기간 가슴으로만 얕은 호흡을 해온 사람들을 보면 조그만 스트레스 자극에도 날카롭고 격렬한 반응(투쟁 도피 반응)을 보인다.

눈치 빠른 독자들은 이렇게 생각할 수도 있을 것이다. '가슴호흡이 투쟁 도피 반응을 불러일으킨다면, 반대도 가능하지 않을까?' 맞다. 횡격막을 이용한 복부호흡을 익히면 불안지수나 투쟁 도피 반응의 발생 횟수를 줄일 수 있다. 갑작스러운 걱정이나 불안과 마주치게 되더라도 복부를 이용해 깊이 숨을 쉬면 통제반응을 적절히 유지할 수 있다.

지금까지 가슴으로 숨을 쉬어왔다면 처음에는 복부호흡이 불편할 수도 있다. 이런 사람들은 다음의 훈련을 여러 번 반복하다 보면 횡격막이 확장되며 복부호흡이 어떤 느낌인지 확인할 수 있을 것이다.

이완훈련 2 | **책을 이용한 복부호흡 연습**

두꺼운 책을 준비한다. 바닥에 반듯이 누워 다리는 굽히거나 편다. 갈비뼈 바로 밑, 배꼽 윗부분에 책을 올려놓는다. 양팔은 옆구리 옆에 편안히 내려놓은 상태로, 코로 숨을 들이 마시며 최대한 배꼽 있는 데까지 호흡을 끌어당기려고 노력하라. 훈련을 막 시작했다면 숨을 깊게 들이마실 때마다 책을 최대한 높이 들어 올리려고 노력해야 한다. 단, 반드시 호흡으로만 책을 움직여야 한다.

책을 위로 올릴 땐 뱃속에서 풍선이 부풀어 오르고 있는 것을 상상해도 좋다.

숨을 끝까지 들이마시고 나면 1~2초 정도 멈췄다가 입으로 천천히 숨을 내뱉는다. 천천히 그리고 완전하게 숨을 모두 토해내야 한다. 그리고 잠깐 멈췄다가 다시 코로 숨을 깊게 들이마신다. 호흡을 할 때마다 책이 위아래로 움직이는지 확인하며, 몇 차례 반복하도록 한다.

이 훈련의 목적은 신체를 이완시키는 데 있다. 이렇게 호흡 연습을 하다 보면 어깨와 팔의 긴장이 풀리면서 몸이 축 늘어지는 게 느껴질 것이다. 근육이 모두 이완된 상태를 상상하며 연습해보라.

책을 활용한 호흡연습은 복부호흡에 사용되는 근육들과 횡격막을 강화시킨다. 배로 호흡을 할 때 어떤 느낌이 드는지 자세히 관찰해보라. 이 느낌에 익숙해지면 앉거나 선 채로 복부호흡을 하기가 훨씬 더 수월해진다. 처음에는 바닥에 누워서 연습는 것이 서거나 앉아서 호흡하는 것보다 더 쉽다. 등을 대고 바닥에 누우면 횡격막이 받는 압력이 작아지기 때문이다. 코로 숨을 들이마시고 입으로 숨을 내뱉는 데도 이유가 있다. 만약 폐에 오래된 공기가 남아있으면 신선한 공기가 들어갈 공간이 적어진다. 일반적으로 코보다는 입이 훨씬 더 크기 때문에 공기를 빠르게 내뱉으려면 입을 사용하는 게 수월하다.

적어도 하루에 한 번씩 10~15분 정도 연습을 시작해보자. 잠자리에 들기 전에 연습해보고 침대보다는 딱딱한 바닥에서 연습해야 훈련 도중 잠에 빠지는 것을 방지할 수 있다. 마치 매일 이를 닦듯이 호흡을 연습하자. 잊어버리지 않도록 칫솔에다 '복부호흡 연습하기'라는 메모를 붙여 놓는 방법도 좋은 아이디어다.

언제 어디서나 할 수 있는 호흡 연습

누워서 복부로 호흡하는 방법을 익혔다면 서거나 앉은 채로 하는 연습을 시작해보자. 일상생활 중에서도 틈틈이 복부호흡

연습을 하도록 한다. 예를 들어 운전을 하다가 교통 신호를 기다릴 때나 컴퓨터를 켜고 부팅을 기다릴 때, 복사기 앞에서 문서가 인쇄되기를 기다리는 동안 천천히 그리고 깊게 복부호흡을 연습할 수 있다. 전화가 울리면 한 번 더 울리도록 기다리면서 복부를 이용해 숨을 들이마셨다 내쉰다. 이 외에도 슈퍼마켓에서 줄을 서 있는 동안, 전자레인지에 음식을 데우는 동안, 엘리베이터를 기다리거나 타고 올라가는 동안, 버스나 지하철을 기다리면서, 텔레비전을 보거나 음악을 들으면서, 샤워를 하거나 설거지를 하는 동안, 아니면 지금 당장 책을 읽으면서도 연습할 수 있다. 온종일 천천히 깊게 내쉬는 호흡을 기억하고 실천하다 보면, 나중에는 특별히 생각하지 않고서도 복부로 호흡할 수 있게 될 것이다.

복부호흡을 하다 보면 긴장을 이완시킬 수 있을 뿐 아니라, 정신없이 앞을 향해 달려가는 생활 속에서 잠시 여유를 되찾을 수도 있다. 이러한 여유를 '답보'라고 생각하는 사람들도 있겠지만, 삶의 고삐를 늦추며 성찰의 기회를 가지는 것이 오히려 좋은 결과를 낳을 수도 있다.

이완훈련 3 | **호흡하는 법을 기억하자**

문구점에 가서 예쁜 장식용 스티커를 여러 개 구입하자. 차 안이나 냉장고 문, 열쇠고리, 화장실 거울, 책상, 드라이어 등 자주 쓰는 공간이나 물건에 스티커를 붙여 놓는다. 그리고 일상생활 중에 스티커를 발견할 때마다 천천히 그리고 깊게 복부호흡을 실시한다. 한번 호흡을 하고 나면 잠시 멈췄다가 다시 천천히 반복한다.

통제를 놓아주는 호흡

호흡 방식은 신체의 기초대사와 깊은 관련이 있다. 이해를 돕기 위해 기초대사를 자동차의 공회전 속도에 비유해보자. 주로 가슴으로 호흡하는 사람이라면 필시 공회전 속도가 높을 것이다. 이런 타입의 사람들은 혈압이 높고 스트레스와 관련된 질병이 많이 발생하는 편이다. 또한 작은 일에도 잘 흥분하고 걱정이 많다. 그러나 복부호흡을 연습하여 익숙해지면 흥분하는 횟수가 줄어든다. 더 나아가 지속적으로 이완된 상태를 유지할 수 있게 되면, 뭔가 걱정하고 있다는 사실을 발견하더라도 불안감이 그리 빠르게 고조되지 않는다.

복부호흡은 정신적인 긴장을 풀어줄 뿐만 아니라 근육의 긴장도도 완화시킨다. 배를 이용해 깊숙하게 숨을 들이마시면 근육조직에 더 많은 산소가 공급되기 때문에, 근육이 이완되고 근육통도 줄어든다.

그런데 복부호흡을 통해 정신적인 불안감을 완화시켰는데도 불구하고 근육긴장은 그대로인 경우가 있다. '알려준 대로 복부호흡을 했는데 왜 근육긴장이 풀어지지 않는 거지? 효과가 없는 거 아닐까?'라고 생각하면 오히려 더 심각한 불안으로 이어질 수 있다. 이럴 때는 근육의 긴장을 이완시키는데 집중하며 복부호흡을 한다. 적어도 불안과 걱정이 커지는 일은 피할 수 있을 것이다. 이와 관련해서는 다음의 한 가지만 확실히 기억하자. 투쟁 도피 반응과 관련된 모든 증상과 근육긴장은 모두 통제반응의 일부다. 따라서 통제반응으로 인해 근육긴장이 생기면, 거꾸로 근육을 이완시키는 것만으로도 통제반응을 놓아주는 효과를 볼 수 있다.

근육의 긴장을 풀어준다

투쟁 도피 반응에 따라오는 신체적인 증상 중 가장 눈에 띄는 변화는 아마도 근육긴장일 것이다. 위협이 느껴지면 팔과 다리, 등, 어깨, 목, 턱 등의 근육이 바짝 긴장을 한다. 이런 부위의 근육들은 주로 싸움을 하거나 도망을 칠 때 사용된다. 한바탕 싸움을 하기 위해 자세를 가다듬는 파이터의 모습을 상상해보라. 목과 어깨, 양팔과 주먹에 힘이 단단하게 들어가 있는 모습이 그려질 것이다. 그래서 반복되는 긴장은 등의 통증과 팔다리의 경련을 유발하기도 한다. 또 이를 꽉 물어 턱 근육을 긴장시키는 행동도 얼굴과 머리 근육을 단단하게 조이기 때문에 안면근육통이나 두통, 귀 울림 등과 같은 증상을 낳는다.

근육이 긴장되는 것은 근육으로 혈액이 몰리기 때문인데 근육 속에 혈액이 오랫동안 정체되면 조직에 독소가 쌓인다. 지금부터는 근육을 단단하게 조였다가 풀어주는 동작을 반복함으로써 정체된 혈액과 독소를 풀어주는 훈련을 소개할 것이다. 이 훈련을 할 때는 근육조직에 충분한 산소가 공급될 수 있도록 반드시 복부호흡을 하도록 하자. 훈련을 연습할 때는 근육을 긴장시킨 상태에서 숨을 들이마시고, 이완시킨 상태에서 숨을 내뱉도록 한다. 숨을 내쉬며 근육을 이완시키는 동작은 통제반응을 놓아주기 위한 방아쇠 역할을 하게 될 것이다. 근육을 팽팽하게 긴장시킬 때는 강하게 힘을 줘야 하지만 강도가 지나치지 않도록 주의한다. 최대한 힘을 줘서 근육을 긴장시킬 필요는 없으므로, 스스로 적당한 정도를 조절하자.

숨을 내쉬며 근육의 긴장을 풀어줄 때는 근육이 이완되는 느낌에 집중하며 머릿속으로 계속해서 '버리자'라는 말을 떠올리도록 한다. 우선 각 단계들을 눈으로 읽으며 이해한 다음, 눈을 감고 천천히 연습하자. 필요하다면 지시사항들을 녹음한 뒤, 녹음된 내용을 들으며 훈련해도 좋다.

이완훈련 4 | 근육의 긴장을 푸는 자기암시

등받이가 있는 편안한 의자를 준비하여, 양발이 바닥에 닿도록 앉는다. 두 눈을 감고 호흡을 깊게 들이마셨다가 천천히 내쉰다. 다시 숨을 들이마실 때에는 다음의 지시사항을 따른다.

① 발끝에 힘을 주어 꽉 오므린다. 이 상태로 잠시 멈췄다가 호흡을 내쉬면서 발끝을 이완시킨다. 머릿속으로는 계속 '놓아주자, 놓아주자'라고 되풀이해야 한다. 발끝을 이완시켰을 때 어떤 느낌이 드는가? 발끝에 긴장이 들어갈 때와 긴장이 풀릴 때 드는 느낌의 차이를 구분할 수 있어야 한다. 이 과정을 다시 반복해본다.

② 발을 들어 올려 발끝이 천정을 향하게 한다. 호흡을 깊게 들이마시고 나서 잠시 멈춘다. 종아리 앞쪽 근육의 느낌에 집중하며, 다시 발을 아래로 내리면서 숨을 천천히 내쉰다. 긴장이 풀린 상태에서는 어떤 느낌이 드는지 살펴보자. 계속해서 '놓아주자, 놓아주자'를 속으로 반복한다.

③ 발끝은 바닥에 붙인 채 뒤꿈치만 들어 올린다. 종아리의 뒤쪽 근육이 단단해지는지 확인한다. 호흡을 깊게 들이마시고 나서 잠시 멈춘다. 호흡을 내쉴 때에는 매우 천천히 근육을 이완시키면서 어떤 느낌이 드는지에 집중한다.

④ 호흡을 들이마시면서 무릎이 안쪽을 향하도록 틀어준다. 무릎을 안쪽으로 밀 때 허벅지의 안쪽 근육이 단단해지는지 확인한다. 호흡을 내쉴 때 허벅지 근육을 이완시키면서 무릎을 원상태로 되돌린다.

⑤ 이번에는 무릎을 바깥쪽으로 벌리면서 허벅지의 바깥쪽 근육과 엉덩이 부분이 단단해지는지 확인한다. 호흡을 내쉬며 '놓아주자'라고 생각한다. 동시에 근육을 이완시키면서 무릎을 원상태로 되돌린다.

⑥ 가슴을 더욱 앞쪽으로 당긴 상태에서 자세를 꼿꼿하게 세우며, 어깨를 위쪽으로 올린다. 상반신을 똑바로 세운 상태에서 호흡을 깊게 들이마시고, 잠시 멈춘다. 호흡을 천천히 내뱉을 때에는 등을 이완시키고 어깨를 아래로 내리면서 의자 깊숙이 편안하게 앉는다. 이완된 상태에서 등과 어깨의 근육에 어떤 느낌이 드는지를 확인한다.

⑦ 호흡을 들이마시면서 입을 크게 벌리고 눈썹을 위로 치켜세운 채 가능한 얼굴을 크게 만든다. 가득 들이마신 숨을 멈춘 상태에서 입을 오므리고 눈을 가늘게 뜨면서 가능한 얼굴을 작게 만든다. 호흡을 내쉴 때에는 얼굴을 완전히 이완시키고 턱의 힘을 뺀다.

⑧ 양손을 꽉 쥐어 주먹을 만들고 나서 팔을 굽혀 두 주먹이 어깨를 향하게 한다. 주먹과 팔을 단단하게 유지하며 호흡을 들이마시고 잠시 멈추었다가, 호흡을 내쉬면서 천천히 주먹과 팔을 편다. 이완시켰을 때 팔의 근육에 어떤 느낌이 드는지를 확인한다.

계속해서 천천히 그리고 깊게 호흡을 하면서 근육이 이완된 상태를 유지한다. 긴장이 느껴질 때는 몸속에 공기를 불어넣고 있다고 상상한 다음, 숨을 내쉬면서 공기와 함께 긴장이 빠져나간다고 생각한다. 이렇게 눈을 감은 채로 최대한 몸의 이완된 상태를 즐겨라.

특히 긴장할 때와 이완할 때, 각각 어떤 느낌이 드는지 집중해서 살펴본다. 반복해서 훈련하다 보면 자연스럽게 근육의 긴장과 이완을 구분할 수 있게 될 것이다. 더 나아가 근육을 긴장

시키지 않고서 이완시키는 법도 터득하게 된다. 다시 한 번 말하지만, 긴장을 이완시킬 땐 호흡을 깊게 들이마시는 것이 도움이 된다. 코를 통해 숨을 들이마시고 입을 통해 내뱉으며 복부로 호흡하는 것을 잊지 말자. 숨을 내쉴 때는 근육의 긴장을 이완시키는 데 집중한다.

이완훈련 5 | 근육의 긴장을 푸는 훈련

등받이가 있는 편안한 의자를 준비하여, 양발이 바닥에 닿도록 앉는다. 호흡을 깊게 들이마셨다가 천천히 내뱉는다. 다시 호흡을 들이마실 때에는 다음의 지시사항을 따른다.

① 발끝은 천장을 향하도록 뻗으며, 양 무릎은 서로를 향해 밀듯이 힘을 준다. 종아리의 앞쪽 근육과 허벅지의 안쪽 근육이 팽팽해지는 것을 느껴본다. 잠시 호흡을 멈춰다가 서서히 내쉬면서 근육을 이완시키고 두 무릎과 발끝이 원상태로 돌아오도록 한다. 마음속으로 '버리자, 버리자'를 반복한다.

② 호흡을 들이마시면서 뒤꿈치를 바닥에서 떼고 동시에 무릎을 바깥쪽으로 벌린다. 다리의 뒷부분과 엉덩이의 근육이 팽팽해지는 것을 확인한다. 잠시 멈췄다가 다시 천천히 호흡을 내쉬면서 '버리자, 버리자'를 반복해서 생각한다. 다리의 근육을 이완시킨다.

③ 호흡을 들이마시면서 양손을 옆구리에 붙인 채 주먹을 쥔다. 팔꿈치를 구부려 주먹을 어깨 쪽으로 잡아당긴다. 이 상태에서 어깨를 위로 올리고, 호흡을 최대한 깊게 들이마신 상태에서 잠시 멈춘다. 다시 호흡을 천천히 내쉬

면서 어깨를 아래로 내리고 주먹을 편다. 마음속으로는 계속해서 '버리자, 버리자'하고 생각해야 한다.

처음에서는 매일 1~2회 정도 연습하는 것이 좋다. 시간을 충분히 두고 집중해서 하면 약 15분 정도가 걸린다. 다음 단계로 넘어가기 전에 일주일 정도 매일 반복하자. 이렇게 훈련하다 보면 나중에는 훨씬 더 빠르게 이완시킬 수 있다. 모든 근육을 이완시킨 후에 다음 훈련으로 넘어간다. 틈날 때마다 반복해서 연습하도록 한다.

이 훈련은 아무 때나 할 수 있다. 복부호흡을 연습할 때와 마찬가지로 컴퓨터를 부팅하거나 차에 시동을 걸 때처럼 일상생활 속에서 틈틈이 연습한다. 스티커를 이용하여 훈련을 자주 상기시키는 것도 한 방법이다.

훈련을 반복하다 보면 근육을 긴장시키지 않고서도 이완된 상태에 도달할 수 있게 된다. 생활 속에서 근육이 긴장되는 게 느껴질 때마다 복부호흡과 놓아주기를 실시하여 몸의 근육을 이완시킬 수 있도록 노력하자.

이완훈련 6 | **때맞춰 이완하기**

① 긴장이 생겼을 때 자신이 가장 잘 인식할 수 있는 신체 부위는 어디인가?

② 호흡을 깊게 들이마시면서 긴장된 신체 부위로 공기가 흘러 들어가고 있다고 상상한다.

③ 잠시 멈춘다.

④ 천천히 호흡을 내쉬면서 긴장을 풀어준다.

⑤ 필요할 때마다 위의 과정을 반복한다.

흘러가는 대로 생각할 것

지금부터 본격적으로 이완훈련 방법을 배워볼 텐데, 그전에 한 가지 알아둬야 할 것이 있다. '버리기'란 걱정이나 불안을 없애라는 뜻이 아니라, 그러한 것을 통제하고자 하는 욕구를 마음속에서 놓아버리라는 의미다. 걱정과 불안을 제압하려는 몸부림을 그만두는 데 목적이 있다.

걱정이라는 괴물과의 줄다리기

어느 공터에 깊이를 알 수 없는 넓은 구덩이가 있다. 당신은 지금 그 구덩이의 가장자리에 서 있다. 구덩이의 반대편 가장자리에는 괴물이 서 있는데, 이 괴물은 당신이 두려워하며 회피해왔던 생각과 감정들로 만들어진 것이다. 시커멓고 무시무시한 괴물을 들여다보면 공포감을 안겨주는 걱정과 불안이 보인다. 당신과 괴물은 구덩이를 사이에 두고 줄다리기를 하는 중이다. 당신은 구덩이 속으로 빠질까 봐 몹시 두려워하며 필사적으로 밧줄을 잡아당긴다. 그러나 괴물은 꿈쩍도 하지 않는다.

이 이야기는 인간이 생각 및 감정과 벌이는 투쟁을 묘사한 것이다. 밧줄을 당기는 행위는 걱정과 불안을 통제하려는 노력과 같다. 이는 매우 소모적인 싸움으로서, 당신이 이기기 위해 노력할수록 괴물의 힘은 오히려 강해진다. 그러나 만약 당신이 밧줄을 놓아버린다면 어떤 일이 생길까? 손에 힘을 풀고 밧줄이 땅에 떨어지도록 내버려 두면?

괴물은 여전히 반대편에 선 채 당신을 노려보고 있을 것이다. 구덩이는 여전히 존재하지만, 당신이 괴물과의 투쟁을 그만두고 밧줄을 놓아버렸기 때문에 아래로 떨어질 위험은 사라졌다. 당신은 괴물과 구덩이의 존재를 알지만 안전하게 그 자리에 존재한다. 이것이 바로 '버리기'다.

버리기 훈련은 고통스러운 생각이나 감정을 제거하는 것이 아니라, 생각이나 감정과의 관계를 변화시키는 데 목적을 둔다. 버리기를 통해 자신의 생각과 감정을 관찰하고 수용할 수 있는 장을 마련하는 셈이다.

걱정과 불안의 밧줄을 놓아라

'통제'라는 단어를 들으면 어떤 이미지가 떠오르는가? 많은 사람이 손을 연상할 것이다. 실제로 주위 환경을 통제할 때 가장 많이 사용되는 부위 역시 손이다. 만약 누군가의 공격을 받는다면 가장 먼저 손을 들어 올려 이를 저지하지 않겠는가. 이런 맥락에서 통제욕구 버리기를 손과 관련지어 생각할 수 있다. 걱정과 불안이 밀려오면 투쟁 도피 반응에 의해 손에 힘이 들어가며 주먹을 쥐게 된다. 이럴 때 의식적으로 손을 펼치며 밧줄을 놓아버린다고 상상하며 '걱정과 불안으로부터 손을 떼기' 시작하자. 손의 근육을 이완하며 복부호흡을 하면 통제욕구로부터 벗어나 자신의 감정을 있는 그대로 느끼는 데 큰 도움이 된다.

이완훈련 7 | 걱정과 불안의 밧줄 놓기

불안이나 걱정이 감지될 때에는 다음 동작을 실시한다.

① 눈을 감는다. 당신의 걱정거리와 감정에 집중한다.

② 호흡을 깊게 들이마시면서 주먹을 살짝 쥔다. 몸의 긴장을 느끼면서 자신이 걱정 및 불안과 투쟁하고 있다는 사실을 인식한다.

③ 호흡을 내쉬면서 손을 천천히 펼치며, 가상의 밧줄을 놓는다. 마음속으로

'버리자'고 생각한다.

④ 호흡을 하면서 걱정과 불안을 관찰한다. 양손을 편안하게 펼치고 불안과 걱정으로부터 손을 뗀다.

⑤ 몸에 긴장이 느껴지는 등 여전히 자신의 생각과 감정에 저항하고 있다면, 호흡을 하면서 긴장을 느껴본다. 그리고 나서 호흡을 내쉬면서 더욱 편안하게 손을 이완시킨다. 손을 뗀 채로 걱정과 불안들을 느껴본다.

불안한 감정에 몸을 맡기는 연습

통제반응은 본능적으로 발생하지만 때로는 합리적인 판단에 장애물이 되기도 한다. 통제반응을 적절히 중단하는 능력을 키우면, 생각과 감정을 객관적으로 경험하고자 하는 '자발성'을 계발하는 데 큰 도움이 될 것이다. 그러나 이것은 시작에 불과하다. 다음 단계인 '있는 그대로 받아들이기'로 나아가기 위해서는 여러분이 느끼는 불안에 과감히 몸을 실을 수 있어야 한다. 불안에 몸을 싣다니, 무슨 말인지 어리둥절할 사람들을 위해 지금부터 자세히 설명하겠다.

얼음으로 뒤덮인 도로 위에서 운전을 해본 적이 있는가? 추운 겨울, 미끄러운 도면 위를 정규 속도로 달리다 얼음덩어리에 부딪혔다고 가정해보자. 차가 오른쪽으로 미끄러지기 시작하면 당신은 본능적으로 브레이크 페달을 세게 밟으며 왼쪽으로 운전대를 꺾을 것이다. 일반적인 도로였다면 적절한 대응이었을 테지만, 불행히도 장소는 빙판길이다. 전문가들에 따르면 이런 상황에서는 브레이크를 아주 살짝 밟으면서 차가 미끄러지는 방향에 그대로 몸을 실어야 한다고 충고한다. 반대쪽으로 급히 핸들을 꺾을 경우, 차가 스핀오프(고속으로 커브를 돌 때 도로에서 튀어나가는 현상)되며 큰 사고로 이어질 수 있다. 본능적인 통제반응이 때로는 역효과를 불러일으킬 수도 있다.

인생의 길을 달릴 때도 마찬가지다. 불안감이 커지면 본능은 브레이크 페달을 밟아 불안을 멈추라고 명령한다. 그러나 이러한 반응은 도움이 되긴커녕 오히려 불안의 감정만 부추길 뿐이다. 이럴 때 통제반응을 놓아주고 불안과 걱정으로부터 손을 떼는 것은 미끄러운 빙판길에서 브레이크를 세게 밟지 않는 것과 같다. 직관을 거슬러 걱정과 불안의 감정에 몸을 맡겨보라. 그래야만 차가 도로에서 튀어나가는 대형 사고를 예방할 수 있다.

스키를 타고 언덕길을 내려올 때도 비슷한 원칙이 적용된다. 초보자들이 가파른 언덕을 타고 내려올 때 가장 어려워하는 것은 바로 몸을 앞으로 숙이는 자세다. 초보자들은 본능적으로 몸을 뒤쪽으로 세워 언덕의 경사를 상쇄시키려 하는데, 그런 방식으로는 절대 몸의 균형을 유지할 수 없다. 통제를 놓아주고 불안한 감정에 몸을 실으라는 건, 어떠한 감정이 느껴지든 간에 열린 자세를 취하라는 의미다. 물론 본능은 자꾸 저항하고 회피할 것을 강요하겠지만, 우리는 본능을 넘어설만한 의지력과 이성이 있다.

7장

랩프 치유법 3단계

생각과 감정 받아들이기

지금까지 자신의 생각과 감정을 관찰하고 거기에 '걱정'이라는 이름표를 붙이는 방법과 통제욕구를 버리는 방법에 관해 배웠다. 이번에는 '생각과 감정 받아들이기'에 대해 배워볼 것이다. 생각과 감정 받아들이기 단계와 현재 순간에 충실하기 단계는 동시에 이루어지며 서로 보완하는 성질을 가진다. 이를 염두에 두고 지금부터 수용의 개념에 대해 알아보기로 하자.

당신이 걱정하는 일은 일어나지 않는다

가스탱크에 살던 남자의 이야기를 기억하는가? 걱정과 불안을 자연스러운 것으로 받아들이는 환경(물탱크)에서는 걱정이 생겨도(성냥을 켜는 행위) 문제가 없었지만, 통제하고자 하는 환경(가스탱크)에서는 폭발하고 말았다는 비유로 마음 환경의 중요성을 설명했다. 또한 걱정 및 불안과 이를 통제하고자 하는 욕구 간의 관계를 살펴보았다. 외적 경험에서는 통제반응이 유용할 수 있으나, 생각이나 감정과 같은 내적 경험에는 전혀 도움이 되지 않는다는 것도 배웠다. 생각과 감정은 없애려고 노력하면 할수록 더 생겨나기 때문이다.

이러한 통제반응에 대한 대응책으로서 '자발성'을 배웠다.

자발성이란 자신의 생각과 감정을 느끼고(수용) 문제 해결을 위해 행동하려는(전념) 자발적인 마음상태를 가리킨다. 가스탱크 이야기에 비유하자면, 자발성은 수증기로 가득 찬 물탱크로 걱정(성냥)이 생겨도 안전한 환경이 되어주는 셈이다.

자발성은 생각이나 감정 또는 감각을 관찰하기 위한 새로운 관점으로 표현될 수도 있다. 앞서 자신의 생각과 감정에 '걱정'이라는 이름표를 붙이고 이를 통제하고자 하는 욕구를 버릴 때, 비로소 변화를 위한 첫걸음이 시작될 수 있다고 말하였다. 여기서 변화란 생각과 감정이라는 필터를 통해 세상을 보는 것이 아니라 객관적인 관점에서 자신의 머릿속과 마음속을 관찰하는 것을 의미한다. 이러한 변화를 위해서는 자기 자신이 생각이나 감정들보다 더 큰 존재라는 사실을 이해함으로써, 생각과 감정의 테두리로부터 벗어나는 것이 중요하다.

인간은 생각하는 존재다. 사람들은 의식적으로든 무의식적으로든 항상 생각을 하고 있어서 생각이나 감정이 마치 그 사람 자체인 것처럼 간주하기 쉽다. 실제 우리의 언어생활에는 이러한 인식이 반영되어 있다. 예를 들어 '정말 놀랐어(I am frightened).'나 '걱정했어(I am worried).'와 같은 영어 문장을 보라. 하지만 생각이나 걱정은 나 자신(I am…)이 아니며, 이 또한 일시적으로 겪는 경험의 일부분에 지나지 않는다.

지금 이 순간에도 여러분은 다양한 생각과 감정, 감각과 상황들을 책의 표지, 앉아있는 방, 책상 위에 놓인 물건들, 약간의 출출함 등 모든 것들이 삶의 일순간을 구성하는 경험들이다. 그러나 지금 앉아있는 의자를 느낄 수는 있을지라도 의자가 될 수는 없는 것처럼, 생각이나 감정 또한 떠올리고 느낄 수는 있어도 자기 자신이 생각이나 감정이 될 수는 없다.

예를 들어 설명하면 당신 자신은 느끼고 생각하는 존재로서 하나의 '환경'이다. 그리고 당신이 인식하는 모든 것들(생각, 감정, 감각 등)은 그 환경 속에 포함되는 '내용물'이다. 자신의 생각과 감정을 수용하기 위해서는 먼저 자아(환경)와 경험(내용물)을 분리해서 파악할 수 있어야 한다. 지금부터 자아와 경험의 차이를 깨닫는 훈련을 해보자. 자아라는 환경은 경험보다 우위에 있는 개념이다. 따라서 내용물이 아닌 환경의 수준에서 걱정을 인식하도록 돕는 훈련을 할 것이다. 이번 장에서 배울 '수용하기'는 이러한 환경의 수준에서 생각과 감정들을 인식할 수 있을 때 비로소 가능하다는 사실을 명심하자.

자신의 머릿속과 마음속을 관찰하라

'수용하다'라는 말은 행동을 나타내는 동사지만 웃다, 뛰다,

앉다, 만지다 같은 다른 동사들과는 달리 다소 수동적인 뉘앙스를 풍긴다. 또한 싸움이나 투쟁을 회피하려는 비겁한 의미를 지닌 듯 보이기도 하고, 용서와 사랑처럼 긍정적인 의미로 이해되기도 한다.

여기서 말하는 '수용'은 자신의 경험을 자신과 분리하여 받아들인다는 의미로서 '관찰하기'와 비슷하다. 우리는 무엇을 관찰할 때 자신과 분리된 다른 사물을 인식한다. 관찰을 하기 위해서는 관찰자와 관찰할 대상, 두 가지가 필요하다. 자신을 환경으로 이해하기 위해서는 우선 각자의 경험을 관찰하고(이는 걱정에 이름표 붙이기와 관련이 있다) 자신이 관찰자라는 사실을 확인해야 한다. 이를 가리켜 '관찰자로서의 자신' 또는 '환경으로서의 자신'이라고 부른다.

관찰자로서의 자신이란 무엇일까? 가장 기본적인 의미부터 살펴보자. 관찰자로서의 자신은 살아오면서 보고 경험한 모든 것들을 관찰하고 경험한 사람이다. 즉, 지금 책을 읽으며 의미를 해석하고 있는 바로 당신을 가리킨다. 그러나 사람들은 항상 변화하며 내외적 경험의 폭도 끊임없이 넓어진다는 것을 고려해볼 때 '관찰자로서의 자신'이란 개념은 다소 혼란스러울 수도 있다. 그렇다면 다음의 설명이 도움이 될 것이다.

어렸을 적 가족들과 함께 찍은 사진을 보고 있다고 가정해보자. 4세, 8세, 14세 때 찍은 사진들을 한 장 한 장 넘기며 그 동안 얼마나 많이 변했는지 살펴보자. 키와 머리카락의 길이, 서 있는 자세, 걷거나 말하는 모습 등 많은 부분이 바뀌었을 것이다. 이 순간에도 신체는 계속해서 변화하고 있다. 나이를 먹을 뿐만 아니라 살이 빠지거나 찌기도 하며, 아팠다가 건강을 되찾기도 한다. 많은 것들이 변화를 거듭하는 중에도, 당신의 내면에는 분명 무언가 변치 않는 것이 존재하고 있을 것이다. '마치 딴 사람 같아.'라는 표현은 겉모습은 달라졌지만 본질은 같은 사람이라는 의미다. 자, 이쯤에서 정리해보자. 신체의 모든 변화뿐만 아니라 다양한 내외적 경험까지 초월하는 존재가 바로 관찰자로서의 자신이다. 관찰자로서의 자신은 이런 모든 경험의 바탕(환경)이 된다.

또 다른 비유도 가능하다. 아침이 되면 당신은 출근하기 위해 차를 몰고 나가거나 대중교통을 이용할 것이다. 이때 당신은 '통근자'다. 직장에 출근하면 '직원'이 되고 동료들과 식사를 할 때는 '친구'가 된다. 그리고 집으로 돌아와서는 '아내'나 '남편' 혹은 '자식'이나 '부모'로 변신할 것이다. 이처럼 하루를 보내면서 경험하게 되는 역할은 다양하지만, 당신의 본질적인 부분은 그대로다. 당신은 당신이다. 인생도 마찬가지다. 우리는 삶을 살아가면서 다양한 역할들을 수행하게 되는데, 이러한 역할을 모두 초월하여 존재하는 것이 바로 관찰자로서의 자신이다.

이제 생각과 감정에 관해 생각해보자. 마치 날씨가 변화하듯이, 감정은 시간의 흐름에 따라 끊임없이 움직이고 변화한다. 행복한 순간도 있고 슬프거나 죄책감의 아픔을 느낄 때도 있고 불안과 초조의 시기를 보낼 때도 있다. 생각 또한 끊임없이 변화한다. 해야 할 일을 떠올리기도 하고 대인관계를 걱정하기도 하며, 점심때는 무엇을 먹을까 고민하기도 한다. 내적인 변화는 이러한 생각과 감정의 변화와 함께 발생한다. 하지만 이 모든 것을 느끼고 경험하는 당신 자신(관찰자로서의 자신)은 변치 않은 채로 남아있다. 당신이 관찰자로서의 자신을 인식하면, 생각과 감정을 수용할 수 있는 토대가 마련된다.

커다란 그림 위의 개미

커다란 캔버스 위에 그려진 추상화가 있다. 유성물감을 여러 겹 덧칠했기 때문에 가까이서 들여다보면 마치 지도의 산과 계곡처럼 들쑥날쑥해 보인다. 그 그림 위를 개미 한 마리가 힘겹게 기어가고 있다. 개미에게는 소용돌이치는 그림 위를 기어가는 것이 마치 산을 오르고 계곡을 건너는 것과 같아서, 길을 잃고 우왕좌왕하기도 한다. 하지만 그림을 감상하는 입장에서 보면, 개미에게는 험준한 산길 같았던 물감자국들도 커다란 그림의 일부분에 지나지 않는다.

생각이나 감정도 마찬가지다. 내용물의 수준에 머무르는 한 우리는 개미의 처지를 벗어날 수 없다. 생각과 감정은 거대한 산과 같은 모습으로 나타난다. 그것도 길고도 깊은 계곡과 같이 막막하게 느껴질 때면 우리는 갈 길을 잃고 방황한다. 그러나 이러한 생각과 감정들은 모두 인생을 살아가며 겪는 경험의 일부분으로 당신이라는 더 큰 존재(환경) 안에 포함된 내용물에 지나지 않는다. 당신은 그림을 헤매는 개미가 아니다. 생각과 감정, 즉 소용돌이치는 물감 자국까지 모든 것이 당신에게 속해 있으므로 오히려 당신은 그림 자체에 가깝다. 경험이라는 내용물에 사로잡혀 걱정이나 불안으로 고전을 면치 못할 때는, 자신이 개미가 아닌 그림이라는 것을 먼저 깨달아야 한다.

개미(내용물)의 관점에서 벗어나 그림(환경)의 관점으로 옮겨가는 변화는, 클로즈업에서 뒤로 물러나 전경을 촬영하는 영화 화면에 비유할 수 있다. 생각과 감정을 더욱 객관적으로 관찰하기 시작하면, 카메라를 뒤로 잡아당겨 전체를 바라볼 수 있는 능력을 계발할 수 있을 뿐만 아니라 자아와 경험 사이의 거리감을 유지할 수도 있다. 이는 수용하기에서 매우 중요한 부분이다.

흰 말과 검은 말, 그리고 거대한 체스판

환경과 내용물이 생소한 개념일 것이다. 그러면 사방팔방으로 뻗어있는 거대한 체스판을 하나 상상해보자. 판 위에는 하얀색 말들과 검정색 말들이 서있다. 각각의 말은 생각과 감정 또는 감각들을 나타낸다. 판의 한쪽 면에는 좋은 편 말들이 있고, 반대편에는 나쁜 편 말들이 있다. 게임이 시작되자 좋은 편과 나쁜 편은 끊임없이 싸움을 펼친다. 어떤 날은 흰 말들이 이기는 것처럼 보이다가, 또 어떤 날은 검은 말들이 전투를 이끌어 가는 것처럼 보이기도 한다. 이처럼 거대한 체스판 위에서 생각과 감정과 감각들이 싸움을 벌이는 가운데, 당신은 어디에서 뭘 하는 걸까?

아마 당신은 많은 시간을 검은 말과 흰 말들 사이를 헤매며 돌아다니고 있을 것이다. 끊임없이 이어지는 전투에 이리저리 휩쓸리면서 말이다. 만약 내용물에 머물러 있는 상태라면 좋은 말이 이겨야 한다고 생각할 것이다. 하지만 이는 좋은 말들만 당신의 것이고 나쁜 말들은 당신의 것이 아닐 경우에 해당되는 이야기다. 좋은 말들과 나쁜 말들은 모두 당신의 체스판 위에서 있다는 사실을 기억하며 다음의 질문에 다시 한번 대답해보자. 거대한 체스판 위에서 관찰자로서의 자신 그리고 환경으로서의 자신은 어디에 있는가?

잠시 생각해보자. 당신이 검은 말이나 흰 말을 통제하는 경기자가 아닌 모든 것들을 포함하는 체스판으로서 이 게임을 경험한다면 어떨 것 같은가? 어느 편이 이기든지 상관하지 않고, 좋고 나쁜 생각이나 감정 그리고 감각에 대하여 집착하지도 않은 채 체스판이라는 환경으로서 게임을 관찰했다면?

'수용'을 위해서는 내용물(생각이나 감정의 필터를 통해 세상을 보는) 단계에서 환경으로서 자신(스스로의 생각과 감정을 열린 자세로 관찰하는) 단계로 발전해야만 한다.

걱정은 인생의 일부분일 뿐이다

걱정은 당신의 인생을 좌지우지할 만큼 굉장한 존재가 아니다. 가끔 걱정에 빠져있을 때면 걱정과 불안이 마치 당신 자신과 인생을 잠식해올 듯 커다랗게 느껴지지만, 사실 그 모든 것들은 살면서 겪게 되는 수많은 경험 가운데 일부다.

깜깜한 극장 안에서 영화를 보고 있다고 생각해보자. 당신은 스크린 속에서 펼쳐지는 이야기에 완전히 몰두하고 있다. 영화 속의 등장인물들과 공감대를 형성하며 이야기에도 감정적으로 빠져들고 있던 찰나, 그만 화장실에 가고 싶어졌다. 먼저 주위 사람들을 살펴본다. 양쪽의 관객들과 앞좌석 사이의 거리를 가늠하고 오른쪽과 왼쪽 중 어느 쪽으로 빠져나가는 것이 쉬울지 생각해본다. 사람들을 빠져나온 후에는 바닥의 경사도를 확인하며 '비상구' 표시를 찾는다. 그리고 다시 뒤를 돌아보며 영화가 어디까지 진행되었는지 확인하고 난 뒤, 조심스럽게 문을 열고 나온다.

화장실에 가야겠다고 결심한 순간, 스크린에서 발생하는 사건과 당신과의 관계는 변화했다. 좀 전까지만 해도 마치 자신이 주인공이라도 된 듯, 함께 울고 웃으며 몰입해 있던 영화 속 사건과 등장인물들이 이제는 하얀 스크린 위에 투사되는 이미지로만 느껴진다. 이렇게 영화를 자신과 분리해 인식하는 변화는, 자신의 생각과 감정을 관찰하는 것과 비슷하다.

걱정거리는 스크린 위에 투사된 이미지에 비유할 수 있다. 편하게 등을 기대고 앉아 걱정을 경험의 일부로서 관찰하기 시작하면 걱정거리와 당신의 관계 또한 영화를 볼 때처럼 변화된다. 이렇게 되면 스크린 위에 펼쳐지는 특정한 장면은 그리 큰 의미를 지닐 수 없게 된다.

그렇다고 해서 '삶은 실재가 아니다.'라고 오해해서는 곤란하다. 이 비유는 특정한 순간에 인식하는 구체적인 생각과 감정들은 삶의 일부일 뿐이며 당신은 영화 속의 등장인물도 스크린도 아니라는 뜻이다. 그렇다면 당신은 과연 무엇일까? 눈치 빠른 사람이라면 이미 알아챘을 것이다. 당신은 바로 다양한 종류의 영화를 상영할 수 있는 영화관이다. '자기 자신 = 영화관, 생각과 감정 = 상영 중인 영화'라고 분리하여 생각할 수 있을 때 비로소 자발성을 키울 수 있다.

부정적인 생각과 감정의 유혹

머리로는 환경으로서의 자신을 이해한다 할지라도 실제로 내용물 수준을 벗어나지 못한다면 아무런 소용이 없다. 그 수준에 머무르는 한, 전혀 생산적이지 못한 방식으로 생각 및 감정(내용물)들과 투쟁을 벌이게 될 것이다.

그러나 내용물에서 벗어나 관찰자(환경)로 발전하기란 쉽지 않다. 특히 우리의 발목을 잡는 것은 '결국엔 혼자 남게 될 거야.', '난 결코 사랑받을 수 없는 존재야.', '뭔가 나쁜 일이 벌어질 것만 같아.' 등의 생각들이다. 관심과 간섭을 강하게 요구하는 이런 생각들은 항상 우리를 유혹한다. 불안이나 분노와 같은 감정들도 역시 간섭에 대한 강한 충동을 자극하는데, 이런 충동은 문제시되는 감정을 통제하고자 하는 노력으로 표출된다. 내용물 수준에서 이루어지는 이와 같은 충동은 분석적인 사고를 가로막는다. 그리고 결국 머릿속은 혼란스러우며, 정서적으로 메마르고 어찌할지 몰라 마비상태가 되고 만다.

수용훈련 1 | 관찰자로서의 자신 경험하기

이제부터 경험과 자기 자신을 구분해 인식하기 위한 훈련을 해보자. 편안한 자세로 앉아 눈을 감고 녹음 내용에 집중하며 지시를 따른다.

① 편하게 앉아서 눈을 감는다. 어떤 느낌이 드는지 가만히 관찰해본다. '눈을 감고' 경험하고 있는 사람이 바로 당신이라는 사실을 인식한다. 당신은 관찰자이며, 당신이 인식하는 모든 내용은 당신이라는 환경의 일부분이다. 귀를 기울이면 무슨 소리가 들리는가? 신체 감각에 집중해보자. 어떤 감각이 느껴지는가? 마음의 소리에 귀 기울여보자. 어떤 생각이 드는가? 소리와 감각, 그리고 생각 등 모든 것들이 내용물이다. 환경으로서의 자신과 내용물로서의 소리, 감각 그리고 생각은 서로 별개라는 사실을 다시 떠올려본다.

② 천천히 눈을 뜬다. 주위를 둘러보며 무엇이 있는지 살핀다. 물체를 천천히 살펴보면서 관찰자로서의 당신과 관찰하고 있는 물체를 분리해 인식해본다. 눈을 감은 채 내용물을 관찰한 당신이 관찰자다.

③ 다시 눈을 감는다. 눈을 감은 채 당신이 인식하고 있는 내용을 관찰한다. 소리, 감각, 생각들을 느껴본다. 눈을 감고 관찰하는 당신과 눈을 뜬 채 주위를 둘러보았던 당신은 같은 사람이다.

④ 다시 눈을 뜬다. 주위를 둘러보며 모든 물체를 살펴본다. 눈을 뜬 채 주위의 물체들을 인식하면서 동시에 눈을 감은 채 관찰했던 소리, 감각, 생각들을 느낄 수 있는지 확인한다. 눈을 뜨든 감든지 간에 당신은 똑같은 당신이다.

수용훈련 2 | 이름표 붙이기

접착식 메모지와 연필을 준비한다.

① 신체에 어떤 감각이 드는지 느껴본다. 발끝부터 시작해 천천히 위로 올라가며 각 부분에서 느껴지는 감각을 구체적으로 적는다. 감각이 느껴지면 구체적으로 어떤 느낌인지(간지러움, 아픔, 추위, 가려움 등) 접착식 메모지에 적어 그 감각이 느껴졌던 신체 부위에 붙인다.

② 주위에 어떤 물건들이 있는지 살펴본다. 물건이 무엇인지 접착식 메모지에 적고(전등, 의자, 책, 식물 등) 이를 그 물건에 붙인다.

③ 마음속에 어떤 생각이 드는지 관찰해본다. 특히 걱정거리는 무엇인지에 집중한다. 생각들을 접착식 메모지에 기록하여 잘 보이는 벽에 붙여놓는다.

④ 몸과 방 안의 물건, 그리고 벽에 붙여진 메모지를 바라본다. 메모지에 적힌 모든 경험이 '내용물'이라는 사실을 상기한다. 그리고 이 모든 경험을 기록한 장본인은 바로 관찰자로서의 자신이라는 사실을 다시 한번 명심한다.

⑤ 메모지를 모두 떼어서 한데 모아 접고 또 접어 최대한 작게 만든 후 주머니에 집어넣는다. 당신은 이러한 경험들보다 훨씬 더 큰 존재라는 사실을 인식한다. 하루 종일 작게 접은 메모지를 주머니에 넣고 다녀본다.

수용훈련 3 | 걱정 관찰하기

눈을 감는다. 지금 당신은 컨베이어 벨트 옆에 서 있다. 눈앞에서 움직이는 회색 벨트를 상상해본다. 벨트 위에는 각기 다른 모양과 크기를 지닌 고철 덩어리가 올라와 있다. 각각의 고철 덩어리는 하나의 생각을 의미한다. 하나의 단어이거나 이미지인 경우도 있으며 인물이나 사건일 수도 있다. 이 고철 덩어리들은 모두 당신의 마음속에 자리 잡은 생각공장에서 제조된 내용물이다. 고철 덩어리가 지나갈 때 하나하나 관찰하며 무엇인지 살펴보고, 계속해서 지나가도록 내버려 둔다. 걱정거리를 나타내는 고철 덩어리는 뾰족하고 날카로운 모양을 하고 있습니다. 만약 걱정과 관련된 고철덩이가 나타나면 주의해야 한다. 손을 대면 상처를 입을 수도 있으니 그저 관찰하면서 지나가도록 내버려둔다. 이 고철 덩어리를 제거하고 싶거나 걱정거리가 무엇인지 확인하고 싶은 충동이 들면, 이 충동도 하나의 생각이라는 사실을 상기하면서 컨베이어 벨트의 움직임을 따라 다음으로 보낸다. 계속해서 컨베이어 벨트를 관찰한다.

수용훈련 4 | 열쇠고리와 걱정거리

① 현재 문제가 되는 걱정거리를 4~5개 정도로 묶어 목록을 만들어본다. 걱정되는 생각을 묘사할 때에는 되도록 짧은 단문으로 기록한다.

② 평상시 사용하는 열쇠고리를 꺼내어 열쇠들을 살펴본다. 자주 사용하는 열쇠를 골라 직접 작성한 걱정거리의 목록에 하나씩 할당하고, 어떤 걱정거리에 어느 열쇠를 배정했는지 확인한다. 다음은 예시다.

생각	열쇠
'만약 해고라도 당하면 어쩌지?'	집 열쇠
'남자친구가 나에게 화가 난 걸까?'	자동차 열쇠
'요즘 기운이 없는데 큰 병에 걸린 건 아닐까?'	회사서랍 열쇠
'이 옷을 입으면 뚱뚱해 보이나?'	다락방 열쇠

③ 열쇠를 하나씩 쥐면서 열쇠에 할당된 생각들을 큰 소리로 말한다. 각 열쇠가 어떤 고민을 의미하는지 정확하게 외울 수 있을 때까지 이 과정을 여러 번 반복한다. 이러한 생각들을 쥐고 있는 사람은 바로 자신이며, 열쇠를 번갈아가며 의지에 따라 생각의 순서를 변화시킬 수 있는 사람 역시 자신이라는 사실을 잊지말자. 또한 열쇠(생각)를 쥐고 있는 당신과 열쇠(생각)는 서로 개별적인 존재라는 사실을 인식한다.

④ 열쇠를 사용할 때마다 그 열쇠가 의미하는 생각을 떠올려본다. 감정이 떠오르면 그 감정을 있는 그대로 느낀다. 그리고 자신이 이러한 생각이나 감정보다 훨씬 더 큰 존재라는 사실을 명심한다. 하루 종일 이러한 생각들을 호주머니에 담은 채 갖고 다닐 수 있다는 사실도 떠올려보자.

두려움의 정체를 파악하라

많은 사람이 생각은 우리에게 해를 미칠 수 없다는 사실을 잘 알고 있지만, 막상 닥치면 이러한 생각과 사건을 구분하지 못한다.

켈프는 경험이 많은 노련한 서퍼로, 거의 매주 파도를 타기 위해 해변을 찾는다. 수년 동안 그는 같은 해변에서 파도를 탔다. 그곳에는 상어가 살고 있었지만, 파도타기에 능숙하다고 자부하는 켈프는 개의치 않았다. 게다가 그는 항상 조심하며 안전 수칙을 잘 따르는 서퍼였다.

파도타기에 더없이 좋은 어느 여름날, 켈프는 상어가 사람을 공격했다는 뉴스를 두 건이나 접하게 되었다. 그가 자주 가는 해변에서 발생한 사건은 아니었지만, 상어로 인해 다친 사람들의 끔찍한 영상이 내내 머릿속을 떠나지 않았다. 켈프는 파도의 소리와 움직임에 더욱 민감하게 반응했고 바짝 긴장한 채 경계를 늦출 수 없었다.

보드 위에 서서 천천히 파도를 타고 해안가로 돌아오는데, 갑자기 무엇인가가 다리를 스치고 지나가는 느낌이 들었다. 켈프는 깜짝 놀라 다리를 잽싸게 끌어당겼다. 너무 놀라 거의 비명까지 지를 뻔했으나, 다리를 건드린 것의 정체는 알고 보니 수초였다. 켈프는 자신의 호들갑에 웃음을 지으면서도, 만약 정말로 상어였으면 어쩔 뻔했을지 생각하기 시작했다. 상상만으로도 몸서리가 쳐졌다. 그는 자신도 모르는 사이, 혹시라도 상어 지느러미가 보이지 않는지 계속해서 수평선을 살폈다. 머릿속에는 영화 〈죠스〉의 주제곡이 들리며, 보드에 누워 있을 때에도 심장이 쿵쾅쿵쾅 빠르게 뛰었다. 그는 물에 흠뻑 젖은 채 보드를 들고 물 밖으로 완전히 나올 때까지도 불안한 마음을 멈출 수 없었다.

켈프가 정말로 두려워했던 것은 무엇인가? 누구나 켈프와 비슷한 경험을 해본 적이 있을 것이다. 누가 뒤를 쫓아오는 것 같다든지 당장이라도 강도가 튀어나올 것만 같은 두려움에 가슴을 졸이다가, 이성을 되찾고 나면 '개가 좀 예민하게 반응했군.' 또는 '나쁜 소식을 들어서 조금 흥분했을 뿐이야.'하고 단정 짓고 만다.

다음의 질문들을 생각해보자. 켈프가 두려워했던 것은 정확하게 무엇이었을까? 바닷물 속에 혼자 남아있는 것이었을까 아니면 수초였을까? 켈프에게 직접 물어보면 그는 분명 "장난해요? 당연히 상어가 두려웠던 거죠!"라고 대답할 것이다. 그런데 켈프가 물속에 있는 동안 주위에 상어라고는 그림자도 얼씬거리지 않았다. 켈프가 물속에서 함께 있었던 것, 그리고 두려워 도망치려 했던 것은 바로 상어에 대한 '생각'이었다.

여기서 분명히 해둘 것이 있다. 켈프의 문제는 상어에 대한 두려움이 아니었다. 사실 상어를 두려워하는 것은 당연한 일이다. 물속에 있는데 상어를 발견했다면, 당연히 두려움을 느끼고 재빨리 빠져 나와야만 한다. 문제는 상어에 대한 생각을 두려워하는 자세다. 켈프가 그토록 좋아하는 서핑을 다시 즐기려면 상어에 대한 두려움은 그대로 둔 채, 상어에 대한 생각을 받아들일 수 있어야 한다. 생각에 상어처럼 날카로운 이빨이 있는 것도 아닌데 무엇이 문제인가?

수용전념치료에서는 현실과 생각을 분리하는 작업을 가리켜

'인지적 탈융합'이라 부른다. 생각을 생각으로 바라볼 수 있을 때는 이를 수용하기가 쉽지만, 생각이 두렵게 느껴질 때는 그것을 수용하기가 어려워진다. 예를 들어 공황장애를 겪고 있는 사람들은 발작을 경험하는 순간 '나는 곧 죽을 거야.'라고 생각하며 두려움에 떤다. 그러나 이런 생각은 공황발작의 일부일 뿐, 실질적인 위협이 되지 못한다. '나는 곧 죽을 거야.'라는 생각은 '쇼핑이나 해야겠다.'라든지 '한숨 쉬었다 가자.' 또는 '파이를 좀 구워야겠다.'라는 생각과 마찬가지로 전혀 위험하지 않다. 하지만 여러분이 자신과 걱정을 분리하지 못한 상태에서 '나는 곧 죽을 거야.'라는 생각을 하면, 이를 단지 생각으로만 받아들이기가 쉽지 않을 것이다.

자신이 누구인지에 대해 판단을 내릴 때도 마찬가지다. '나는 패배자야.' 또는 '나는 항상 외톨이일 거야.'와 같은 생각을 하기 시작하면 생각을 수용하기 어렵다. 이러한 생각들은《오즈의 마법사》에서 커튼 뒤에 숨어 있는 작은 남자와도 같다. 도로시와 친구들은 거대하게 비치는 머리 그림자와 "내가 바로 위대한 오즈다!"라는 거대한 목소리에 깜짝 놀라 겁에 질린다. 하지만 마법사는 연약한 인간이었다. 우리 머릿속의 생각도 오즈와 비슷한 속임수를 부릴 수 있다. 이들은 우리의 삶을 위협하려는 듯 "난 매우 위험해! 두려워하지 않고는 못 배길걸!"

하며 모습을 드러낸다. 그러나 거대한 듯 보이는 모습은 사실 과장된 그림자일 뿐이며, 커튼을 걷었을 때 드러나는 것은 아무 힘도 없는 '생각'에 불과하다.

커튼 뒤에 숨겨진 모습을 보기 위해 먼저 해야 할 일이 있다. 걱정 역시 단지 생각일 뿐이라는 사실을 명확하게 인식할 수 있도록 틀(프레임)을 짜는 것이다. 예를 들어 '난 곧 죽을 거야.'라는 생각이 들면 '난 곧 죽을 거야, 라는 생각을 하고 있다.'라고 바꿔본다. 감정도 마찬가지다. '몹시 불안해.' 대신 '난 지금 불안한 감정을 느끼고 있어.'라고 생각한다. 이처럼 거리감을 둘 수 있는 어구를 이용하면 생각은 생각일 뿐이라는 사실을 떠올릴 수 있다. 또한 자신을 경험으로부터 분리할 수 있어 실제 사건과 생각을 분리하는 것이 가능해진다. '난 패배자라는 생각을 품고 있다.' 또는 '지금 슬픈 감정을 느끼고 있구나.'라고 자신의 생각과 감정을 표현하면 이를 내용물로 인식하는 관찰자 또는 환경으로서의 자신이 될 수 있을 것이다.

생각은 위험한 것인가

생각과 현실 간의 인지적 탈융합을 위한 훈련을 해보자. 훈련을 충실히 실행하면 생각과 실제 사건은 다르다는 것을 확실히 인식할 수 있게 될 것이다.

수용훈련 5 | 걱정 가지고 놀기

① 펜과 종이를 준비해서 자리에 앉는다. 걱정거리 한 가지를 골라 종이의 맨 윗줄에 적는다. 몇 분 동안 이 주제를 놓고 걱정을 한다. 그리고 걱정을 하는 동안 머릿속에 떠오르는 생각들을 종이에 모두 기록한다. 기록한 내용들의 타당성과 논리성은 따지지 않는다. 걱정거리들을 쓸 때는 작은 따옴표를

붙여 단지 생각일 뿐이라는 사실을 기억한다.

② 이 생각들을 큰소리로 낭독한다. 처음에는 정상적인 목소리로 읽다가, 점점 목소리 톤을 낮추고 속도를 늦춰가며 읽어본다. 그리고 나서 목소리의 톤을 높이고 읽는 속도도 빠르게 한다. 소리가 어떻게 들리는지 주의 깊게 관찰하라. 이러한 과정을 수행하는 동안 당신의 생각에 어떤 변화가 생기는지 살펴본다. 생각은 단지 생각일 뿐이라는 사실이 좀 더 명확해지는가?

③ 멜로디가 간단한 노래를 골라 당신이 종이에 기록한 생각을 가사로 붙여 노래를 불러본다.

④ 당신이 로봇이라 생각하고 생각들을 말해본다.

⑤ 만화 등장인물의 목소리로 또는 이색적인 악센트를 주어 생각들을 말해본다.

⑥ 바로 선 자세로 물컵을 입에 가져다 대고 물이 입술을 덮을 수 있도록 컵을 기울인다. 코로 호흡을 내쉬면서 물속에 대고 생각들을 말한다. 말을 할 때 거품이 생길 것이다. 어떤 소리가 나는지 자세히 듣고, 자신의 생각에 어떤 변화가 발생하는지 살펴본다.

⑦ 걱정거리가 적힌 종이로 비행기나 다른 종이 모형을 만들어 눈에 잘 띄는 곳에 놓아둔다.

⑧ 또 다른 걱정거리를 골라 위의 과정을 반복한다.

수용훈련 6 | 걱정으로 시 짓기

① 걱정이 생기면, 짧고 간단한 문장으로 적어보고 크게 소리 내어 읽는다.

② 걱정거리와 발음이 비슷한 낱말을 찾아 완전히 다른 문장을 만들어낸다. 예

를 들면 다음과 같다.

본래의 걱정거리	새로 만들어 낸 걱정거리
그 사람이 나한테 화가 난 건 아닐까?	그 사랑이 나한테 화려한 건 아닐까?
사장의 비위를 건드린 것 같아!	사랑의 비위를 건드린 것 같아!
차 사고라도 나면 어쩌지?	차 사고 가라고 하면 어쩌지?

③ 위의 예에서처럼 비슷한 말을 찾아서 새로운 걱정거리를 만들어낸다. 본래의 걱정에 쏟았던 절박했던 심정을 새로 만들어진 걱정거리에도 적용한다.

④ 새로 만들어진 걱정거리와 마찬가지로, 본래의 걱정거리 역시 아무것도 아니라는 사실을 깨닫는다. 두 가지 다 당신에게 해를 끼칠 수 없고, 생각에 지나지 않는다는 사실을 다시 한번 상기한다.

수용훈련 7 | 쇼를 하자!

이 훈련은 '만약'이라는 생각과 사회적 상황과 관련된 걱정을 분리해 인식하는 데 특히 도움이 된다.

① '만약 …라면 어쩌지'라는 걱정이 떠오르면, 어떤 일이 벌어지게 될지 상상해 보고 되도록 최악의 시나리오를 짜본다.

② 주변에서 매일 사용하는 작은 물건들을 모은다(연필, 전구, 테니스공 등).

③ 각 물건에 역할을 배정하고 당신이 상상했던 최악의 시나리오를 펼쳐본다.

④ 이 물건들을 이용하여 최악의 시나리오를 처음부터 끝까지 공연한다. 예를 들어 당신이 오늘 아침에 저지른 말실수 때문에 사장이 몹시 화가 나 회사

에서 해고당할지도 모른다고 가정해보자. 텔레비전 리모컨에게 사장을, 장난감 차에게 당신의 역할을 배정한다. 장난감 차가 리모컨에게 '말을 하는' 장면부터 시작한다. 그 다음은 리모컨이 장난감 차를 해고하는 장면으로 넘어간다.

⑤ 이렇게 쇼를 하고 나서 당신의 걱정에 어떠한 변화가 생기는지 살펴본다. 과일 또는 동전이나 지폐에 새겨진 위인들을 이용해 똑같은 장면을 여러 번 재연한다.

판단 및 평가와 그 대상을 구분 짓는 탈융합

우리가 경험하는 융합의 또 다른 형태는 바로 사람, 사물, 사건과 그에 대한 평가 및 판단을 구분하지 못하는 것이다. 무언가를 평가하고 판단할 수 있는 능력은 언어를 사용하는 능력과도 관련이 있다. 인간은 언어를 사용해 평가와 판단을 내리고 이를 대상에 적용한다. 그리고 나서 판단이 평가대상의 실질적인 부분이라고 생각해버린다. 탈융합은 사물, 사람 또는 경험에 존재하는 실질적인 특성과 인간의 마음속에 내재하는 판단의 차이를 구분할 수 있도록 도와준다.

방안에 소파가 있다. 소파의 천에는 황금색 꽃무늬가 찍혀 있으며 가장자리에는 두꺼운 술이 달려 있다. 소파의 받침대는 울퉁불퉁한 나무로 만들어져 있으며 군데군데 놋쇠 장식이 박혔다. 1970년대에는 매우 인기 있는 디자인이었지만 지금 당신은 그 소파를 보기 흉한 소파라고 생각한다. 그러나 실제로 '보기 흉한' 소파가 존재하는가? 소파는 만들어진 그대로의 모습을 유지하고 있을 뿐, 그것이 흉해 보이는 이유는 바로 관찰자의 주관적 관점 때문이다. 자신이나 타인 또는 사물이나 사건, 경험에 대해 내리는 판단 또는 마찬가지다.

끝없이 판단하며 평가하는 것은 지극히 인간적이며 정상적인 행위다. 문제는 이러한 판단이나 평가를 실재와 혼동하며 고정되어 변하지 않는 것으로 여기는 태도에 있다. 어떤 것에 대해 부정적인 평가를 먼저 내리고 나면, 주관적으로 내린 판단이어도(실제 판단의 대상과는 별개임에도 불구하고) 그러한 평가의 틀을 넘어서지 못하게 된다.

특히 평가와 판단은 자기 자신에게 적용할 때 가장 억압적인 형태를 띤다. 스스로에 대해 어떤 판단을 내리고 나서 자신을 주관적 판단의 틀 안에 가두어버리는 것이다. 예를 들어 자신의 걱정거리들과 그것으로부터 도망치는 자신의 모습을 곰곰이 성찰해보았다고 하자. 당신은 오랜 시간 자신을 뒤돌아본 결과 '난 너무 감상적이야.'라는 판단을 내렸다. 하지만 이 말은 상당히 임의적이다. 한번 생각해보자. '나는 매우 감상적이야.'라는 문장은 정확히 무슨 의미인가? 이 말이 옳다는 것을 증명할 수 있는가?

다음에 제시한 문장을 살펴보자. 직접 자신에게 적용해보고 참인지 거짓인지 생각해본다.

- 나는 키가 크다.
- 나는 키가 작다.
- 나는 말을 부드럽게 한다.
- 나는 종종 일을 뒤로 미룬다.
- 나는 종종 불안함을 느낀다.

다시 '나는 매우 감상적이야.'라는 문장을 생각해보자. 위의 말들처럼 참인지 거짓인지를 증명할 수 있는가? 위의 문장은 모두 개인이 가진 특성들을 묘사하고 있는 것으로, 키가 크거나 작거나 말을 부드럽게 하는 등의 특성이 있는지 없는지는 분명하게 알 수 있다. 하지만 '감상적'이라는 단어는 단순히 판단을 표현하는 것으로서, 객관적인 내용을 묘사하고 있는 것이 아니다.

수용훈련 8 | 방 평가하기

평가와 판단이 무엇인지 확인하고 이를 그 대상의 실제 특성과 구분지어 생각하기 위해 개발된 훈련이다. 접착식 메모지를 여러 장 준비한다.

① 각 방마다 돌아다니면서 몇 가지 사물들을 관찰한다. 관찰한 물건을 평가해 결과를 접착식 메모지에 기록한 후, 해당하는 사물에 붙여 놓는다. 예를 들어 벽 위에 걸린 그림에는 '예쁘다'라고 쓴 메모지를 신문 위에는 '심란한'이라고 적힌 메모지를 붙여 놓는다(이 훈련은 '수용훈련 2 이름표 붙이기'와 다르다. 묘사하는 단어나 말은 사물의 일부분이지만, 판단은 당신이 자의적으로 만들어낸 것이라는 점을 기억하자).

② 자신에 대해 판단을 내린다. 접착식 메모지에 적어 당신의 옷에 붙여 놓는다.

③ 판단의 결과가 적힌 종이를 살펴본다. 이 종이에 적힌 내용은 당신의 마음에서 만들어진 생각들이라는 사실을 명심한다.

④ 메모지들을 한데 모아 서로 섞는다. 무작위로 하나를 뽑아 방안의 다른 사물에 붙여 놓는다.

⑤ 각 사물을 새로운 평가의 관점에서 바라볼 수 있는지 확인해본다. 예를 들어 신문을 '예쁘다' 또는 당신을 '심란한'이라고 볼 수도 있을까?

⑥ 이러한 판단은 영원하지 않다는 것을 생각한다.

⑦ 메모지를 모두 떼어내고 다시 무작위로 붙인다. 단, 이번에는 좀 전에 평가하지 않았던 물건에 메모지를 붙인다. 메모지의 내용으로 사물들을 평가할 수 있는지 알아본다. 메모지에 적힌 판단들은 모두 임의적인 것으로서, 경험을 형성하는 데 매우 막강한 힘을 지닐 수 있다는 점을 간과해서는 안 된다.

생각과 감정을 자연스럽게 받아들이는 연습

램프 치유법의 3단계 '생각과 감정 받아들이기'에 대해 배워 보았다. 이 수용 단계에서 가장 중요한 것은 자신의 생각과 자아를 분리해 인식하는 것이다(인지적 탈융합). 생각은 생각에 불과하다는 사실을 머리로는 이해하면서도 마음대로 되지 않는 것은 자신의 생각을 과대평가하며 생각과 실재를 구분하지 못하기 때문이다. 그러나 걱정은 걱정일 뿐, 걱정 자체는 칼을 든 강도가 아니고 당신을 방해하고 미워하는 상사도 아니다. 걱정이나 불안이 생기더라도 그저 흘려보내도록 노력해보자.

8장

램프 치유법 4단계

현재 순간에 충실하기

"깨어 있으라!" 이 말은 마치 명상의 화두처럼 들린다. 여러분은 '걱정에 이름표 붙이기'를 연습하면서 깨어 있기도 함께 훈련해왔다. 그리고 생각과 감정을 수용하기 위해 훈련하는 과정에서도 생각을 생각 그 자체로 경험하는 수준을 경험해보았다. 깨어있음이란 거창한 말이 아니다. 현재 순간에 경험하는 모든 것들을 관찰하고, 열정적으로 포용할 수 있는 열린 자세를 의미한다. 이것은 단순히 걱정에만 유용할 뿐 아니라, 삶의 많은 부분을 변화시키고 발전시켜 줄 수 있는 개념이다.

지나간 일과 다가오지 않은 일에서 벗어나라

걱정하고 불안해하며 떠올리는 일은 과거에 일어났거나 미래에 일어날 수도 있는 사건들이 대부분이다. 지나간 일을 아무리 곱씹어본다 한들 과거는 과거일 뿐이다. 과거도 미래도 우리 힘으로는 바꿀 수 없는 일들이기 때문에 떠올리면 떠올릴수록 고통과 불안만이 야기된다. 반면, 현재에 집중하면 걱정을 불러일으키는 원인이 훨씬 줄어든다.

좀 더 구체적으로 현재에 대해 이야기해보자. 이 책을 읽고 있는 당신의 현재 상황을 인식해보라. 지금 앉아 있는 곳은 어디인가? 책을 읽고 있는 자세가 불편하지는 않은가? 너무 춥거나 덥지 않은가? 출출하거나 목이 마르지는 않은가? 이 질문들에 대한 대답이 모두 '아니오'라면 지금 당신의 상황은 제법 괜찮은 편이다.

깨어있음이란 현재에 충실하고자 하는 의지를 의미한다. 현재에 충실할 때 비로소 현재의 순간이 과거나 미래보다 더욱 평화롭고 만족스럽다는 사실을 발견할 수 있다. 특히 어떤 활동에 직접 참여할 때 현재 순간의 중요성을 경험하기 쉽다. 집중력을 요하는 운동을 하는 것도 현재에 더욱 충실할 수 있는 방법 중 하나다. 이외에도 악기를 연주하고, 맛있는 요리를 직접 만들고, 사랑하는 반려동물의 털을 밀어주는 것도 좋은 방법이다.

현재 순간에 집중한다고 해서 과거나 미래를 떠올리지 말라는 의미는 아니다. 현재를 인식하면서 과거나 미래에 관한 생각들을 동시에 떠올릴 수도 있다. 하지만 우리는 항상 '깨어 있는' 상태에서 이러한 생각들을 관찰하기 위해 노력해야 한다. 생각은 단지 생각에 지나지 않으며 생각이 가리키는 과거와 미래는 '지금 이 순간' 실재하는 것이 아니라는 사실을 인식해야 한다는 뜻이다.

이번에 하게 될 훈련들은 자신의 생각과 감정을 더욱 분명하게 인식할 수 있도록 도와준다. 소리와 사물, 향기, 맛 그리고 현재의 경험을 구성하는 다양한 감각들을 생생하게 인식하게 된다. 그러면 걱정이 떠오르더라도 과거나 미래에 생각을 빼앗기지 않고 현재 순간으로 금방 되돌아옴으로써 걱정의 늪에 빠져들지 않게 될 것이다.

온몸의 감각을 깨워라

우리는 감각을 통해 현재에 충실할 수 있다. 시각, 청각, 후각, 미각, 촉각과 같은 직접적인 경험은 오직 현재에만 존재하기 때문이다. 그러나 일상을 살아가다 보면 보고 듣고 냄새 맡고 맛을 보고 만져보는 등의 느낌을 거의 의식하지 못하고 지나치게 된다. 따라서 깨어있음을 연습할 때는 신체감각을 통해 접촉하게 되는 세상과 그러한 외부적 경험에 더욱 집중해볼 것이다. 어떤 경험을 묘사하거나 판단 및 평가할 때에는 감각적인 경험도 집중해본다.

감각적인 경험이란 무엇인가? 옷을 사러 갔다고 생각해보자.

아마도 이 옷 저 옷을 보면서 색이나 무늬를 살펴보고 천의 질감을 만져보며 예쁘다, 화려하다, 편하다와 같은 판단을 내릴 것이다. 새로운 음식을 맛볼 때도 마찬가지다. 평상시에 자주 접했던 음식을 먹을 때보다 훨씬 더 주의를 기울여 맛을 본 후, 맛이 어떤지 평가를 내리고 좋아하는지 싫어하는지 판단한다. 현재에 충실하기란 감각적인 경험에 접근하는 것이다. 그러나 이번 장에서 소개하는 훈련은 평가나 판단이 아닌 단순히 경험하는 것 자체를 목적으로 한다. 물론 훈련을 하다 보면 이러한 판단들이 튀어나올 수도 있다. 그러나 판단도 우리가 인간이 만들어낸 생각이라는 것을 인식해야 한다.

귀를 쫑긋 세운다

현재에 집중하는 방법 중 하나는 소리에 귀를 기울이는 것이다. 눈을 감은 채 방안에 앉아 밖에서 들려오는 소리를 들어본다. 물론 방안에서 들리는 소리도 들을 수 있다. 시계가 똑딱거리는 소리, 환풍기가 돌아가는 소리 등 다양한 소리가 들린다. 주위가 매우 고요할 때에는 자신의 신체에서 들리는 소리뿐만 아니라, (어디서 나오는 소리인지는 알 수 없지만) 귓가에서 윙윙거리며 울리는 소리까지도 들을 수 있다. 여러분이 귀를 쫑긋 세우고 들을 때, 이 모든 소리들은 현재 순간의 일부분으로서 존재하게 된다.

의식훈련 1 | **듣기**

눈을 감는다. 몇 분 동안 정신을 집중하여 무슨 소리가 들리는지 귀를 기울인다. 방 밖에서 들려오는 소리인지 아니면 방안인지 또는 당신의 몸에서 나는 소리인지 살펴보고 소리가 들려오는 방향을 확인한 다음 다시 소리에 집중한다. 계속 집중해서 소리를 듣되, 소리의 출처에 너무 정신을 쏟지 않도록 주의한다. 어떤 소리가 계속 들려온다면 그 소리에 변화가 없는지 집중해서 들어본다. 소리를 들을 때에는 당신이 지금 경험하고 있는 내용에 초점을 맞춰야 한다. 듣고 있는 소리에 대해 자꾸 판단하고 평가하게 될 때는 이를 인식하고, 다시 재빨리 소리에 집중한다.

관찰하며 본다

시각은 우리가 살고 있는 세상을 깨닫게 해주는 매우 강력한 도구다. 그러나 우리는 온종일 눈을 뜨고 살면서도 보지 못하는 것이 너무 많으며 필요한 것을 보는 데만 시각을 이용한다. 시각적인 정보를 이용하여 이 장소 저 장소를 옮겨 다니고, 주위 환경에 변화를 주며, 정보에 접근한다. 바라보는 행위는 사실 바라보는 대상의 의미에 초점을 맞추고 있다. 어떤 대상을 바라볼 때면 왜 그것을 바라보는지, 바라보면서 무엇을 하고 있는지, 어디로 가고 있는지에 신경을 쓰기 마련이다.

우리는 지금 현재 순간에 충실하기 위해 훈련을 하고 있다. 따라서 평상시에 무의식적으로 시각을 이용하는 것과는 달리, 오직 관찰만을 위해서 바라보아야 한다. 아름답다 또는 흉하다와 같은 판단에 치우치지 말고 특정한 목적을 위한 수단이 아닌 그 자체를 경험으로서 받아들이자.

의식훈련 2 | **바라보기**

잠시 눈을 감고 몸을 이완시킨다. 그런 다음 눈을 뜨고 방을 한 번 둘러본다. 벽, 창문, 문을 바라보고 바닥에 깔린 카펫이나 깔개를 쳐다본다. 이제는 가구를 한 번 둘러본다. 방안에 있는 모든 물건들을 하나씩 살펴보면서 물건들이 어떤 색깔들을 띠고 있는지 알아본다. 이번에는 생김새를 본다. 물건들의 표면에 빛이 어떻게 반사되는지 자세히 살펴보고, 그림자들도 본다. 그러면서 예전에는 전혀 알아채지 못했지만 현재 새롭게 눈에 띄는 세부사항들이 몇 개나 되는지 살펴본다. 바라보고 있는 대상에 대해 자꾸 다른 생각이 들거나 평가하려 드는 것 같으면, 이를 인식하고 나서 재빨리 현재의 경험(바라보고 있는 물건의 색상이나 모양 등)에 초점을 맞춘다.

냄새에 몰두한다

인간이 가장 당연하게 여기는 감각은 바로 후각이다. 우리는 후각을 통해 엄청난 정보를 얻지만, 대부분 이를 무시해버린다. 그러나 시각적인 정보가 없을 때는 청각이나 후각에도 많이 의지한다. 다른 감각이 미처 깨닫기 전에 냄새만으로도 주위 환경에 어떤 변화가 생겼는지 감지할 수 있기 때문이다. 타는 냄새가 난다면 불꽃을 발견하기도 전에 무엇이 타고 있다는 사실을 감지할 수 있으며, 옆 좌석에 앉은 사람의 냄새를 통해 그 사람이 흡연자인지 아닌지도 알아맞힐 수 있다. 집에 들어서는 순간 냄새를 통해 저녁 메뉴를 확인하기도 한다. 하지만 아주 향기롭거나 역겨운 냄새처럼 강렬한 자극이 아닌 이상 무시하고 지나쳐버리기가 쉽다.

우리는 후각을 기능적인 목적에서 아주 제한적으로 사용한다. 그러다 보니 후각을 경험하기 위해선 다른 감각보다도 훨씬 집중해야 한다. 꽃이나 향초, 종이의 냄새 또는 사랑하는 사람의 살내음을 맡으려고 할 때 코를 가져다 대본 적이 있을 것이다. 이러한 행위는 스치고 지나가기 쉬운 냄새에 몰두하기 위한 행위다. 후각에 집중하면 현재 순간에 완전히 몰입하는데 도움이 될 것이다.

의식훈련 3 | 냄새 맡기

① 화장실로 가서 수납장을 열어본다. 눈을 감고 사용하는 화장품 및 여러 가지 제품들을 골라 한 번에 하나씩 냄새를 맡아본다. 치약, 구강 세정제, 방취제, 헤어젤, 로션, 크림 등의 냄새를 주의 깊게 맡는다. 냄새를 맡는 순간에는 바로 그 제품에만 온 신경을 쏟아야 한다. 만약 부지불식간에 맡은 향이 좋다 또는 나쁘다 등의 판단이 서면, 다시 냄새를 맡는 현재 상황에 집중하도록 한다.

② 이제 부엌으로 가본다. 여러 가지 양념, 신선한 과일, 야채, 소스, 잼 등을 꺼낸다. 눈을 감은 채 하나씩 냄새를 맡아본다. 현재 맡는 냄새에만 집중한다.

③ 이번에는 포착하기 어려운 냄새에 도전해보자. 손바닥 냄새를 맡아본다. 그리고 손등과 어깨의 냄새를 맡아본다. 지금 읽고 있는 이 책에 코를 갖다 대보고, 옷장에 걸린 옷들의 냄새도 맡아본다. 집 밖으로 나가 풀, 꽃, 흙냄새를 맡아본다. 분석이나 판단을 내리려 하지 말고 그냥 향기들을 경험한다. 이 순간에 더욱 적극적으로 참여해서 그 과정에서 발생하는 감각들을 경험해본다.

손끝으로 느낀다

촉각을 일상생활에서 인식하지 못하고 넘어갈 때가 많다. 하지만 촉각은 언제 어디서나 느낄 수 있고 우리 일상생활의 많은 부분을 차지한다. 예를 들어 따뜻한 물에 몸을 담그고 목욕을 할 때, 상대방과 포옹을 할 때, 맨발로 풀잎 사이를 걸을 때 우리는 감촉에 흠뻑 빠져든다. 생생한 감각들이 느껴질 때면 자연스럽게 현재 상황에 몰입할 수 있다.

피부는 내장과 뼈를 외부 환경으로부터 보호해주기도 하지만, 촉각 수용기touch receptor라는 감각기관을 지니고 있다. 전혀 예상하지 못했던 외부적인 감촉과 부딪힐 때면, 피부의 촉각은 몸속에 비상등을 울린다. 새롭고도 신선한 촉감은 관심을 끌지만, 지속적으로 끊임없이 느껴지는 촉각은 걸치고 다니는 옷의 무게처럼 느끼기가 쉽지 않다. 피부의 수많은 부분 가운데 촉각이 가장 민감한 곳은 바로 손가락 끝이다. 우리는 손가락 끝을 이용해 주변 물건이나 환경을 만져보고 차가운지 뜨거운지, 축축한지 건조한지, 울퉁불퉁한지 매끈한지, 딱딱한지 말랑말랑한지, 끈적이지는 않은지 확인한다. 몸 전체를 통해 촉감을 느낄 수도 있지만 손끝을 이용해 느끼는 것이 가장 수월하다. 촉각 수용기는 지속적인 압력에 금방 익숙해지기 때문에 손끝을 천천히 움직이면서 변화하는 감촉을 느낄 때 깨어 있는 상태를 유지할 수 있다.

의식훈련 4 | 만져보기

① 먼저 지금 읽고 있는 이 책을 이용해 시작해보자. 눈을 감고 손가락을 이용해 책을 탐색해본다. 우선 책의 안쪽 페이지를 만져본다. 손가락 끝을 움직이면 어떤 차이가 있는지 느껴본다. 책의 가운데 이음쇠나 표지를 만져보고, 책의 겉표지와 안쪽 페이지 사이에 어떤 질감의 차이가 있는지도 살펴본다. 그리고 한 손으로 책을 쥐고 무게를 느껴본다. 책장을 빠르게 넘겨 작게 이는 바람을 느껴본다.

② 앉거나 눕기에 편안한 장소를 찾는다. 눈을 감고 지금 당신이 있는 장소의 바닥, 가구의 결을 느껴본다. 손끝을 천천히 움직이면서 질감의 변화를 감지해본다. 옷감이나 천을 만져볼 때에는 손가락이 부드럽게 미끄러지는지 또한 손가락 끝에 꺼끌꺼끌하게 걸리는 부분은 없는지 감촉을 느껴본다. 나무나 플라스틱을 만질 때에는 표면의 온도, 불규칙하거나 특이한 특성을 알아본다.

③ 얼음을 쥐고 싱크대에 선다. 눈을 감고 손에 담긴 얼음이 어떤 느낌을 주는지에 초점을 맞춘다. 얼음이 녹기 시작하더라도 계속 쥐고 있어야 한다. 손가락 사이로 차가운 물이 새어 나올 때 어떤 느낌이 드는지 경험해본다. 이번에는 얼음을 싱크대에 버리고 나서 얼얼하고 차가운 느낌이 손바닥에서 어떻게 지속되는지 느껴본다.

음식을 맛본다

먹지 않고는 살 수 없다. 음식 섭취는 우리가 살아가면서 날마다 하는 활동 가운데 하나로, 호흡처럼 일상적이고 별생각 없이 이루어진다. 때에 따라선 음식 맛이 커다란 기쁨을 가져다주기도 하지만 음식 섭취와 관련된 이러한 감각은 미각뿐만 아니라 후각과 촉각도 포함한다. 음식의 경험은 섭취하는 음식의 맛도 중요하지만 질감이나 농도, 향에 따라서도 많이 좌우된다.

손가락 끝 다음으로 촉각에 민감한 기관이 바로 인간의 혀다. 음식 섭취에 집중하려면 먹는 동작 하나하나를 세세한 신경을 써야 한다. 특히 음식 맛에 집중하려면 천천히 씹거나 잠시 멈추는 것도 도움이 된다. 미뢰는 촉각 수용기보다 더욱 분화되어 있다. 미뢰가 혀의 어느 부분에 위치하느냐에 따라 단맛, 신맛, 쓴맛, 짠맛에 각기 다른 반응이 나타난다. 음식 맛에 충실하기 위해서는 음식을 혀에 올려놓고 입안에서 녹기를 기다리면서 맛에 어떤 변화가 발생하는지 관찰해보자. 음식을 삼킨 후에는 그 뒷맛을 자세히 느껴본다.

의식훈련 5 | 맛보기

① 입속에 초콜릿 한 조각을 집어넣는다. 씹지 않고 혀 위에 올려놓은 다음 입속에서 천천히 녹인다. 초콜릿이 녹으면서 맛에 어떠한 변화가 있는지 살펴본다. 맛의 농도가 혀의 부위에 따라 어떻게 다른지 관찰해본다. 초콜릿이 다 녹으면 삼킨다. 삼킨 후에 입안에 남겨진 뒷맛을 느껴본다. 입안에서 뒷맛이 가장 잘 느껴지는 부위는 어디인가?

② 주스나 음료수를 한 모금 들이켜고 입안에 머금는다. 주스나 음료수를 혀끝으로 느꼈다가 가운데로 보내고, 마지막에 뒤쪽으로 보낸다. 내용물을 천천히 이동시킬 때마다 맛에 변화가 있는지 살펴본다.

③ 레몬즙 한 방울을 손가락 끝에 떨어뜨려 혀끝에 발라준다. 이번에는 혀의 안쪽 부분에 레몬즙을 발라준다. 혀의 양옆에도 똑같이 반복한다. 각 부위마다 맛의 차이가 있는지 살펴본다.

다양한 감각을 동시에 느껴보는 의식훈련

앞서 한 번에 한 가지씩, 오감을 차례차례 경험하는 훈련을 해보았다. 그러나 실제로 감각은 동시에 복합적으로 느껴지는 경우가 더 많다. 책을 읽고 있는 이 순간에도 입안에 물고 있는 초콜릿의 맛을 느낄 수 있듯이 우리에게는 한 번에 하나 이상의 감각을 인식할 수 있는 능력이 있다. 이번에는 여러 개의 감각을 동시에 경험하며 인식하는 훈련을 해보자.

의식훈련 6 | 맛보기와 만져보기

① 각설탕 하나를 입안에 집어넣는다. 혀 위에 올려놓은 채 입을 다문다. 설탕이 녹을 때 느껴지는 맛에 집중하며 맛이 어떻게 변화하는지 관찰한다. 어느 순간에 맛이 가장 강렬하고 이 강렬함이 언제부터 줄어들기 시작하는지, 단맛이 점점 사라지는지도 자세히 느껴본다.

② 다른 각설탕을 혀끝과 입천장 사이에 올려놓는다. 입천장으로 각설탕을 누르면서 설탕의 꺼끌꺼끌한 질감을 느껴본다. 혀를 누르는 알갱이를 느껴본다. 이번에는 설탕의 단맛과 꺼끌꺼끌한 질감을 동시에 느껴본다. 설탕 알갱이가 녹기 시작하는 순간을 잡아내 보아라. 단맛의 변화를 느끼면서 동시에 설탕 알갱이의 감촉이 변화하는 것도 느껴본다.

의식훈련 7 | 듣기와 바라보기

이 훈련은 실내외 어디서나 할 수 있다. 실외는 바라볼 수 있는 자연물을 갖춘 공원이나 정원이 좋다. 음악을 들을 수 있게 이어폰과 스마트폰 혹은 MP3를 준비한다. 실내에서 할 경우에는 그림(추상화도 좋다)이나 사진에 편안하게 음악을 들을 수 있는 오디오 장비를 준비한다.

① 노랫말이 나오지 않는 연주곡이나 길이가 긴 음악을 선택한다. 만약 실외라면 꽃이나 나무가 보이는 곳에 편안히 앉고, 실내라면 그림을 바라보며 앉는다.

② 눈을 감는다. 음악에 귀를 기울이기 시작한다. 음악을 경험할 수 있도록 다양한 소리에 집중한다. 한데 어울려 나오는 음악소리에서 한 가지 악기를 집어낼 수 있는지 살펴본다. 음악을 듣는 그 순간에 집중하기 위해 노력한다. 음악을 들으면서 이와 관련된 생각이나 느낌이 떠오르면, 이를 인정하고 다시 음악소리에 집중한다.

③ 음악소리에 집중하면서 눈을 뜬다. 듣고 있는 음악에 귀를 기울이면서 눈앞에 놓여 있는 사물에 초점을 맞춘다. 바라보는 사물과 듣고 있는 소리에 대해 깨어 있는 상태를 유지하라. 소리의 경험과 시야의 경험 사이에 상호작용이 일어나는지 관찰한다. 이 두 경험이 하나로 융합되기 시작하는가?

의식훈련 8 | 목욕하기

목욕을 할 때는 수없이 많은 감각들을 경험한다. 수도꼭지를 틀기 시작한 순간부터 욕실은 소리, 향, 온도와 습기의 변화로 가득 찬다.

① 욕조에 물을 받으면서 오일이나 거품 목욕제와 같은 입욕제를 천천히 집어넣는다. 욕조에 물이 가득 찰 때까지 물의 움직임을 관찰한다.

② 눈을 감고 수도꼭지에서 나오는 물소리를 듣는다. 물이 튀는 소리를 들으며 그 순간에 집중한다.

③ 욕실에 가득 차는 향기를 맡는다. 입욕제의 향, 비누 향, 샤워 커튼의 플라스틱 냄새, 공기 속의 증기 냄새를 맡아본다.

④ 목욕 준비가 끝나면 물을 끄고, 고요함에 귀를 기울인다.

⑤ 천천히 욕조 안으로 들어간다. 양쪽 발을 차례로 담그면서 따뜻한 물의 감

각에 집중하고 욕조 바닥의 딱딱한 표면을 느낀다. 눈을 감은 채 일어서서 물의 다리의 어디까지 올라오는지 느껴본다. 물속에 잠긴 부분과 물 위로 나와있는 부위에 어떤 차이가 있는지 알아본다. 피부 위로 물과 공기가 만나는 선은 어디인지 관찰한다.

⑥ 몸을 낮춰 물속에 잠긴 채로 신체의 어느 부위가 젖고 마르는지 확인한다.

⑦ 물속에 몸을 완전히 담그고 눈을 감는다. 물소리를 들으면서 동시에 피부에 닿는 공기와 물을 의식할 수 있는지 알아본다. 몸을 움직일 때마다 부드럽게 들리는 물 튀는 소리를 들어본다. 또한 향기도 맡아본다. 물의 감촉, 소리, 냄새까지 동시에 인식할 수 있도록 노력한다. 이 감각들이 어떻게 하나로 혼합되어 목욕이라는 전체 경험을 형성하는지 생각해본다.

⑧ 팔, 가슴, 얼굴에 물을 적시면서 물이 피부에서 흐르는 느낌, 온도, 감각 등에 초점을 맞춘다. 동시에 물을 움직임을 동반한 소리와 향을 느껴본다.

⑨ 스펀지에 물을 적셔 머리와 가슴 그리고 팔에 뿌린다.

⑩ 눈을 뜬 채 귀가 물속에 절반 정도 잠기도록 몸을 더 깊이 담근다. 귀를 수면 위와 아래로 움직일 때 소리에 어떤 변화가 생기는지 알아본다. 청각의 변화에 따라 시각은 어떻게 변하는지 알아본다.

⑪ 목욕을 마치고 욕조에서 나올 때 피부에 온도 변화가 느껴지는지 살펴본다. 수건으로 천천히 물기를 닦아내며 물기가 사라지는 느낌에 정신을 집중한다. 수건이 피부에 닿는 따뜻하고 부드러운 느낌을 느낀다. 욕조에서 물이 빠질 때 나는 소리를 들어본다. 마지막까지 물이 모두 빠지고 나면, 그 뒤에 흐르는 정적에 귀를 기울인다. 현재 순간에 몸을 맡긴 채 몸이 무엇을 느끼는지 살핀다.

지금이 나에게 주는 것들

우리가 살면서 자신의 몸을 인식하게 되는 순간은 언제일까? 기껏해야 병에 걸리거나 사고를 당해 몸이 아플 때 정도가 아닐까? 몸을 부피와 무게를 지닌, 구체적인 장소에 실재하는 물리적 존재라고 인식하면 현재 순간을 더욱 잘 느낄 수 있다. 그러기 위해서는 우선 머리부터 발끝까지 자신의 몸을 자세히 살펴보아야 한다.

신체를 변화시키는 것이 아니라 관찰하는 데 목적이 있다. 몸을 관찰하다가 긴장이 감지되면, 긴장을 인식하고 나서 다음 단계로 넘어간다. 신체 훑어보기는 몸의 경험을 관찰하고 이를 수정하려는 노력 없이 있는 그대로 수용하는 것으로서, 깨어있음을 연습하기 위한 것이다.

의식훈련 9 | 신체 훑어보기

이 훈련은 천천히 연습해야 한다. 훈련을 끝마치기까지는 15~20분 정도 필요하지만, 조금 빨리 진행해도 무방하다. 아래의 지시문을 그대로 녹음한 후 들으면서 연습하면 편리하다.

① 눈을 감은 채 편안하게 앉는다. 천천히 그리고 깊게 숨을 들이마셨다 내쉰다(몇 분 정도 반복해서 깊게 호흡한다).

② 발끝의 감각에 집중한다. 왼발 발가락에 집중하며 발끝의 감각을 느낀다. 제일 먼저 엄지발가락을 그 다음에는 새끼발가락, 끝으로 둘 사이에 있는 발가락들을 느껴본다(왼발이 끝나면 오른발로 넘어가 과정을 반복한다).

③ 발의 감각에 집중한다. 왼발을 느껴본다. 충분히 느꼈다면 오른발로 넘어간다. 이제 두 발을 동시에 느껴보세요. 발바닥, 발등, 발뒤꿈치의 감각에 집중한다. 발의 옆면도 느낀다. 그리고 양말이나 신발의 압력이 느껴지는지 가만히 관찰한다.

④ 발목으로 올라와 발목의 안쪽에 집중한다. 그리고 발목의 바깥쪽도 느껴본다.

⑤ 계속해서 종아리의 느낌에 집중한다. 종아리에서 느껴지는 긴장감을 인식한다.

⑥ 무릎으로 올라와서 무릎의 감각에 집중한다. 무릎의 바깥쪽과 안쪽의 감각을 느껴본다.

⑦ 허벅지의 감각에 집중한다. 허벅지에서 느껴지는 긴장감을 인식하고, 지금 의자와 닿아있는 부위가 어디인지도 느껴본다.

⑧ 엉덩이와 등의 아랫부분에 집중한다. 이 부위에 긴장이나 압력이 느껴지는가? 엉덩이와 등 아랫부분에서도 의자나 바닥과 접촉하는 부위가 어디인지 느껴본다.

⑨ 등 가운데와 윗부분에 집중한다. 긴장이 느껴지면 이를 인지하고 그 느낌을 그대로 수용한다.

⑩ 이제 팔에 집중해 팔 윗부분의 감각을 느껴본다(왼팔, 오른팔 순서로 진행한다).

⑪ 팔의 아랫부분, 손목, 손의 느낌에 집중한다. 손이 무엇을 만지고 있으며 어떤 느낌이 드는지 관찰한다.

⑫ 이제 목에 집중한다. 목의 양옆이나 식도, 목 뒷부분의 근육이 느껴지는지 확인한다.

⑬ 얼굴 감각에 집중해서 입 주변의 근육과 턱 근육을 느껴본다. 눈 주변과 이마도 천천히 느낀다. 얼굴에 어떤 긴장이 느껴지는지 확인한다.

⑭ 머리 부분에 집중한다. 두개골을 덮고 있는 근육을 떠올려본다. 머리의 뒷부분과 정수리의 느낌을 느낀다.

⑮ 이제 머리와 상반신, 다리와 발까지 모두 포함할 수 있도록 인식을 확장시킨다. 몸은 하나의 통일된 개체다. 자신의 몸을 전체적으로 느껴본다. 호흡은 계속해서 깊고 천천히 들이마셨다가 내쉽니다. 신체를 의자나 바닥이 지탱하는 당신의 몸을 인식하고, 현재 이곳에 존재하는 당신을 인식한다.

호흡을 통한 인식훈련

마음만 먹으면 언제라도 즉각적으로 경험할 수 있는 것이 바로 호흡이다. 인간은 평생을 살아가면서 한순간도 쉬지 않고 숨을 쉰다. 호흡은 신체 내부에서 이루어지기 때문에 매우 개인적인 경험이라 할 수 있다. 눈을 감은 상태에서도, 깜깜한 방안에서도, 소리나 냄새를 맡지 않고서도 호흡은 할 수 있다.

태어날 때와 죽을 때를 제외하고 호흡은 항상 짝을 이룬다. 즉, 들이마시면 반드시 내쉬어야 한다. 너무나 일상적이기 때문에 인식하지 못하지만, 이 순간에도 우리는 숨을 들이마시고 내쉬길 반복하고 있다. 따라서 호흡은 현재에 집중하기를 원할 때 사용할 수 있는 가장 이상적인 방법이다.

의식훈련 10 | **호흡 따라가기**

이 훈련을 할 때는 아래의 지시문을 그대로 녹음한 후 들으면서 연습하는 것이 좋다.

① 편안한 자세로 앉아 눈을 감는다. 천천히 그리고 깊게 코로 숨을 들이마셨다 내쉰다.

② 호흡을 들이마실 때 콧구멍을 통해 공기가 들어가는 것을 느껴본다. 공기가 몸속으로 들어오고 빠져나갈 때, 공기의 움직임을 느낄 수 있을 때까지 계속 콧구멍 주위의 감각에 집중한다.

③ 이제는 비강으로 공기가 들어가 눈 뒤쪽으로 흘러 들어가는 것을 느껴본다. 호흡을 들이마실 때 눈 뒤쪽이 시원해지는 느낌이 드는지 확인한다.

④ 식도 뒤쪽의 기관으로 공기가 흘러 들어가는 것을 느낀다. 혀의 뒷부분이 간질거리는 희미한 느낌에 집중한다.

⑤ 다시 호흡을 들이마시며 공기가 가슴으로 들어가는 것을 느껴본다. 폐가 확장할 때 가슴의 한 가운데에서 약간의 압력이 느껴지는 것에 집중한다.

⑥ 끝으로 공기가 복부까지 깊게 내려가는 것을 느껴본다. 공기를 들이마실 때에는 복부가 팽창하고 내쉴 때에는 복부가 이완하는 것을 느낀다.

⑦ 계속해서 호흡을 들이마셨다가 내쉰다. 호흡을 가장 잘 느낄 수 있는 신체 부위는 어디인가? 이 부분에 집중하면서 몇 분 동안 호흡을 관찰한다.

의식훈련 11 | 호흡 관찰하기

이 훈련을 하는 데는 대략 10분 정도가 소요된다. 타이머를 맞춰 놓거나, 아래의 지시문을 그대로 녹음한 후 들으면서 연습하는 것이 좋다.

① 편안한 자세로 앉아 눈을 감고 호흡을 천천히 마셨다가 내쉰다.

② 숨을 가장 잘 느낄 수 있는 부위를 찾는다.

③ 이 부위에 초점을 맞추고 공기가 들어올 때와 빠져나갈 때를 관찰한다.

④ 마음속에 다른 생각들이 끼어들면 다시 정신을 가다듬고 호흡에 초점을 맞춘다. 현재 순간의 호흡만을 관찰한다.

⑤ 현재 하는 훈련에 대한 어떤 생각이 드는가? 제대로 하는 것 같지 않다거나 이 훈련이 어렵다고 생각되면, 이를 있는 그대로 관찰하고 나서 다시 호흡에 초점을 맞춘다.

심장박동을 통한 의식훈련

심장박동을 느껴보는 것 또한 현재 순간을 확실하게 경험하는 방법이다. 심장박동이 가장 확실하게 인식될 때는 역시 심장이 빠르고 강하게 뛸 때다. 그러나 훈련을 하면 정상적인 속도로 뛸 때에도 이를 느낄 수 있다. 심장박동이라고 하면 보통 가슴 안에서 들려오는 리듬감 있는 소리를 떠올리겠지만, 우리는 맥박을 통해 느껴볼 것이다.

의식훈련 12 | **심장박동 느껴보기**

이 훈련을 연습하는 데는 10분 정도가 소요된다. 타이머를 맞춰 놓거나, 아래의 지시문을 그대로 녹음한 후 들으면서 연습하는 것이 좋다.

① 편안한 자세로 앉아 눈을 감는다. 숨을 천천히 들이마셨다가 내쉰다.

② 호흡에 집중한다. 호흡을 몇 차례 반복한 뒤 가만히 앉아 몸의 중심 부분을 의식한다.

③ 계속해서 몸의 중심에 집중한다. 리듬감 있는 심장박동이 희미하게 들려오는 것을 느낀다. 심장박동은 심장의 한가운데나 횡격막 바로 아래나 목, 손목 근처에서 느낄 수 있다. 신체 내에서 조용히 고동치는 맥박을 느껴본다.

④ 심장이 뛰는 것을 관찰한다. 어떤 생각이나 느낌이 들면 이를 인정하고 다시 심장박동에 집중한다.

순간의 생각과 감정에 집중할 것

감각은 현재 순간을 느끼게 해주는 창구다. 감각을 통해 얻은 정보들은 오로지 그 순간에만 존재한다. 약간의 훈련만 거치면 쉽게 현재 순간의 감각에 초점을 맞추고 집중할 수 있다. 그러나 생각과 감정은 다르다. 현재 순간의 생각과 감정에 대해 집중력을 유지하기란 쉽지 않다. 과거나 미래의 생각들을 실제 대상과 분리하지 못하고 융합된 방식으로 경험하다 보면, 자신도 모르는 사이 현재를 벗어난다.

이럴 때 생각을 현재로 되돌릴 수 있는 간단한 방법이 있다. 바로 순간의 감각이나 호흡, 심장박동에 집중하는 것이다. 생각이나 감정을 탈융합된 방식으로 관찰하여, 호흡이나 심장박동처럼 현재 경험의 일부분으로 받아들일 수 있게 한다. 우리는 관찰자가 되어 생각과 감정들을 경험하고, 생각이나 감정 역시 경험의 일부분이라는 인식을 위한 훈련을 했다. 탈융합과 관련된 훈련들은 현재 순간에 집중하기 위한 훈련과 깊은 관련이 있다.

의식훈련 13 | 생각의 슬라이드 쇼

조용히 앉아 호흡에 신경을 쓰면서 의식훈련 11을 실시한다. 몇 분 동안 호흡을 관찰한다. 자신이 관찰자임을 인식하고 호흡을 관찰하면서, 머릿속에 뭔가에 대한 생각을 떠올린다. 어두컴컴한 방안에서 슬라이드 쇼를 보듯이, 생각들이 커다란 화면에 투사되고 있다고 상상해본다. 화면을 보면서 당신은 생각들이 지나가는 과정을 관찰한다. 화면 위에 떠오르는 이미지, 추억 또는 단어들을 통해 생각을 관찰한다. 그러한 생각들을 인식하고 놓아주며 다음 생각이 화면에 비춰지길 기다린다. 슬라이드 쇼를 보고 있듯 여러 가지 생각들이 들어왔다 나는 것을 발견하게 된다.

판단을 위한 의식훈련

지금 머릿속으로 오가는 생각들을 관찰해보라. 무언가에 대한 판단이나 평가가 대부분이다. 예를 들어 나무를 바라보면서 튼튼하다 또는 멋지다는 생각들을 떠올린다. 무언가에 집중하며 노력하고 있을 때 자기 자신에 대한 평가를 하기도 한다. 이러한 생각들은 탈융합된 방식으로 경험하기가 몹시 어려우며, 벗어나기도 힘들다.

현재 순간에 집중하고 깨어있으란 말은 판단이나 평가를 그만두라는 뜻이 아니다. 판단하고 있다면 그것을 있는 그대로 인식하고 탈융합화된 방식으로 경험하라는 의미다. 생각에 집중하다 보면 자연스럽게 판단이나 평가를 하게 되는데, 문제는 그런 생각에 사로잡혀서는 안 된다. 그러기 위해서는 있는 그대로 수용할 필요가 있다.

의식훈련 14 | 싫어하는 음식을 먹어보자

맛이나 질감 때문에 먹기를 피해왔던 음식을 골라본다. 음식을 한 입 베어 천천히 먹는다. 맛과 질감, 향을 관찰하고 이 음식을 먹는 전체 경험에 집중한다. 음식을 천천히 씹을 때 마음속에 생기는 평가나 판단을 살펴본다. '맛이 없다.', '도저히 못 견디겠다.'와 같은 부정적인 생각에 판단이라는 이름표를 붙이고 경험의 일부분으로 인식한다. 판단이나 평가에 사로잡히지 않은 채 음식들을 경험할 수 있을지 시도해본다.

의식훈련 15 | **찬물로 샤워하기**

샤워를 하며 수도꼭지를 서서히 찬물방향으로 돌린다. 물이 점점 차가워지면서 피부에 어떤 느낌이 드는지 느껴본다. 온도 변화에 어떤 반응이나 판단을 하는지 스스로를 살펴본다. 만약 자신도 모르게 찬물을 피하려고 한 발짝 물러서면 다시 찬 물줄기 속으로 들어가 찬물에 대한 신체적인 저항이나 생각을 관찰한다.

걱정 많은 당신에게 연민 느끼기

다른 사람이나 대상에 대해 연민을 느낄 때면 판단을 멈추게 된다. 특히 어린아이들에게는 쉽게 연민을 느낄 수 있다. 아이가 겁에 질리거나 화를 낼 때면 아이를 비난하기보다는 측은한 마음이 든다. 어린아이가 혼신의 노력을 다했는데도 일을 잘 해결하지 못하는 모습을 보이면 이를 꾸짖거나 잔소리를 하기보다는 인내심과 연민을 가지게 된다. 현재 순간에 충실하기의 목적 중 하나는 자신과 자신의 경험에 연민 어린 태도를 유지하는 것이다. 집중하기를 훈련하면서 스스로가 잘하고 있는지 판단해야 하는 경우에도 마찬가지다. 우선 자리에 앉아 호흡이나 심장박동을 관찰하고, 갈팡질팡하며 방황하는 마음을 관찰한다. 그리고 자신에게 연민을 느끼며 감정을 유지하도록 한다.

호기심 인정해주기

다섯 살짜리 조카, 루신다와 함께 쇼핑을 하고 있다고 상상해보자. 계획한 물건을 모두 산 당신은 이제 슬슬 집으로 출발할 생각이다. 그러나 루신다의 호기심은 끝이 없다. 가게들을 지나갈 때마다 루신다는 이곳저곳을 기웃거리며 "이것 좀 봐!", "우와, 저건 뭐야?"라며 외쳐댄다. 이럴 땐 어떻게 해야 할까?

당신은 루신다의 변덕스러운 응석을 다 받아주면서 가게마다 들러볼까 생각하다가, 이내 고개를 젓고 만다. 그러다간 해질 무렵에나 주차장에 다다를 수 있을 것이다. 그렇다면 아이의 손을 꽉 쥐고 단호하게 끌고 가는 방법은 어떨까? 루신다가 가게에 들어가려고 할 때마다 팔을 세게 잡아당긴다면, 집에 가는 시간은 단축되겠지만 아이는 울음을 터뜨리고 말 것이다. 결국 당신은 아이가 가리키는 사물을 함께 바라봐주고 묻는 말에는 간단하게 대답하면서, 조심스럽게 아이의 손을 이끌며 발길을 재촉하기로 했다. 덕분에 루신다의 호기심을 인정해주면서도 아이와 함께 이 가게 저 가게를 배회해야 하는 번거로움은 덜 수 있었다.

생각에 집중하기를 연습할 때도 이런 태도를 유지하는 것이 도움이 된다. 생각이 현재 순간을 벗어나 엉뚱한 방향으로 흘러가기 시작하면, 그러한 생각들을 인정하고 다시 현재 순간으로 돌아오도록한다. 연민도 수용의 일부다. 생각과 감정을 수용한다는 것은 자기 자신을 받아들인다는 의미다. 생각이 방황을 시작할 때마다 비판적인 자세를 취하는 것은, 어린 루신다의 팔을 홱 잡아채면서 "그만하지 못 하겠니!"하고 고함을 지르는 것과 같다. 가혹한 평가와 판단은 생각을 수용하며 깨어 있기 위해 이제까지 해온 노력을 모두 수포로 돌아가게 만든다.

마음 챙김과 깨어 있기

지금까지 '현재 순간에 충실하기'를 위한 훈련을 했다. 하지만 순간순간의 경험들에 집중하여 생각과 감정을 더욱 탈융합화된 방식으로 수용하고 경험하려면 많은 시간과 연습이 필요하다. 현재 순간에 충실하기, 즉 깨어 있기를 연습하고 싶을 때마다 목욕을 하거나 음악을 들으며 구체적인 감각을 경험해본다. 매일 일정한 시간을 따로 정해놓고 연습하는 것을 가장 추천한다. 또한 주기적으로 명상을 하거나, 걷기나 먹기와 같은 일상적인 생활에서도 의식훈련을 할 수 있다.

깨어 있기를 위한 마음 챙김 명상

종교나 철학에서는 대부분 고요한 시간에 하는 명상을 권장한다. 현재 순간의 경험을 관찰하는 것을 가리켜 마음 챙김 명상 또는 좌선坐禪이라고 한다. 마음 챙김 명상은 득도를 하거나 변화를 추구하기 위한 것이 아니며, 마음을 비운다거나 어떤 특별한 경험을 하기 위한 것도 아니다. 마음 챙김 명상은 그냥 조용히 앉아 현재 자신의 경험을 관찰하는 것이다. 자신의 생각과 감정을 통해 세상을 경험하는 것이 아니라 주관적 판단과 욕구를 놓아두고 단순한 마음으로 생각과 감정을 바라보는 행위다.

따라서 마음 챙김 명상을 할 때는 마음을 깨끗이 비울 필요 없이 그저 흘러가는 대로 관찰하면 된다. 마음이 하는 일이 바로 생각이므로, 마음 챙김 명상은 고요히 자신의 생각을 바라보는 행위이기도 하다. 현재 순간에 집중하기는 생각의 흐름을 중단시키거나 변화시키는 것이 아니라 말 그대로 지금 이 순간 느껴지는 모든 것, 떠오르는 모든 생각을 순수하게 받아들이기 위한 것이다. 그러기 위해서는 스스로를 연민 어린 시선으로 바라보며 마음을 관찰해야 한다. 관찰자 또는 환경으로서의 자신을 인식하고, 경험하는 모든 것들뿐만 아니라 생각과 감정까지도 내용물로 인식하는 자세를 가져야 한다. 깨어 있기를 위한 마음 챙김 명상법을 알아보자.

• **명상시간을 만들자.** 매일 10분 정도라도 좋다. 일단 습관으로 자리가 잡히면 30분까지 시간을 늘린다. 매일 일일드라마를 보는 시간 정도의 여유를 갖는다. 필요한 경우에는 타이머를 맞춰 놓자.

• **조용한 장소를 찾는다.** 주의를 산만하게 하는 모든 요소를 제거할 필요는 없다. 훈련을 하다보면 다소 정신이 산만해질 수도 있는데 이것도 인식하고 수용해야 할 요소들이다.

마음 챙김 명상을 할 때는 편안하게 앉는다. 단, 지나치게 편안한 자세는 피한다. 주기적으로 마음 챙김 명상을 하는 대부분의 사람들은 바닥에 앉아 책상다리를 하라고 권한다. 앉아 있는 동안 상반신을 세운 채 정신을 똑바로 차리는 것이 중요하므로 바닥에 앉아서 하는 것이 좋다. 의자에 앉는다면 허리를 펴고 앉을 수 있는 것으로 준비한다. 편안하면서도 긴장이 풀어지지 않는 자세가 가장 바람직하다. 명상을 하면 신체가 많이 이완되는데, 사실 명상의 목표는 신체 이완이 아니라 정신을 깨어있도록 만드는 것이다. 너무 편안한 자세로 앉아 있다가 잠들지 않도록 하자. 손은 무릎 위에 올려놓고, 몸통은 꼿꼿이 세운 채로 앉는다.

• **신체를 살펴본다.** 만약 신체의 어느 부위가 당기거나 간지럽

다든지, 긴장이 느껴진다면 재빨리 몸을 살펴본다. 신체에 어떤 느낌이 드는지 인식하고 그것이 무엇이든지 간에 이를 경험으로 인식하고 수용한다. 연습을 통해 이 과정을 60초 이내에 끝마칠 수 있도록 하자.

• **호흡을 관찰한다.** 호흡을 관찰하는 것은 현재에 집중할 수 있는 가장 좋은 방법 중 하나다. 숨쉬는 것을 가장 잘 인식할 수 있는 부위를 찾고 거기에 초점을 맞추자. 그 부위에 의식을 집중하며, 호흡이 드나들 때 이를 관찰한다. 마음이 여러 가지 생각들로 복잡해지면 이를 인식하고 있는 그대로 받아들인 뒤 다시 호흡을 통해 현재로 관심을 되돌린다.

• **심장박동을 들어본다.** 주위가 좀 더 조용해지면 심장박동에 관심을 가진다. 호흡을 관찰하는 것이 편하다고 하는 사람도 있으며, 심장박동을 관찰하는 것이 더 수월하다고 하는 사람들도 있다. 그러므로 두 가지 모두 시도해보고 그 중 더 잘 느껴지는 감각을 찾아 그것에 집중한다.

• **생각을 관찰한다.** 가만히 앉아서 지금 무슨 생각을 하고 있는지 파악한다. 마음 챙김이란 머릿속의 생각을 탈융합된 방식으로 감지하는 자세를 뜻한다. 생각의 강물에 뛰어들어 같이 휩쓸리는 것이 아니라 강둑에서 흘러나오는 생각들이 흘러가는 모습을 관찰한다. 호흡이나 심장박동을 인식하면서 동시에 자

신의 생각을 관찰하다 보면, 현재 순간에 집중할 수 있을 뿐만 아니라 생각과 자아를 분리할 수 있다. 생각의 흐름에 휩쓸렸다면 이를 인지하고 나서 다시 호흡이나 심장박동에 초점을 맞춰 현재에 집중한다.

- **판단 성향이 짙은 생각을 관찰한다.** 자신의 훈련 상황을 판단하고 비판하는 생각들이 떠오르지는 않는지 살펴보자. 연습에는 옳고 그른 방법은 없다. 그럼에도 '내가 지금 제대로 하는 걸까?'와 같은 생각이 떠오르면 생각을 생각으로서 관찰하고 경험의 일부분으로 수용하자. 그리고 다시 호흡이나 심장박동에 집중한다.
- **감정을 관찰한다.** 당신이 느끼는 감정을 인식해본다. 감정을 경험의 일부분으로 자각하면서 느끼고 경험할 수 있는지 살펴본다. 감정 또한 경험의 일부분으로서, 당신에게 속해 있다. 당신은 감정보다 훨씬 더 큰 존재다. 혹시라도 자신의 감정과 싸우게 되면 이 사실을 떠올린다. 그러고 나서 통제 놓아주기, 생각과 감정을 수용하기, 감정에서 손 떼기 등을 연습해본다. 경험에 따라 함께 발생하는 다양한 감정들을 그대로 놔두면서 감정에 가만히 마음을 실어본다.

마음 챙김 명상을 훈련하면, 지금까지 배운 것이 익숙해지는 데도 많은 도움이 된다. 자신의 사고 과정을 능숙하게 관찰할 수 있게 되므로 걱정과 불안을 확인하는 '걱정에 이름표 붙이기'가 더욱 쉬워진다. 마음 챙김 명상은 통제반응을 자제시켜주기 때문에 '통제욕구 버리기' 역시 더욱 편안하게 느껴질 것이다.

현재 순간에 집중한다는 것은 생각과 감정을 있는 그대로 받아들일 수 있게 된다는 뜻이다. 생각과 감정을 탈융합된 방식(생각과 자아의 분리)으로 경험함으로써 '받아들이기'와도 연결된다. 지금까지의 훈련들은 현 순간에 발생하는 모든 것들을 경험할 수 있도록 여러분의 능력을 향상시키고, 자신과 타인에 대해 편협한 판단을 내리지 않도록 도와줄 것이다. 정기적으로 마음 챙김 명상을 연습하면, 자신의 경험에 대해 보다 객관적인 관점을 유지할 수 있으며 감정에 휩쓸려 발생할 수 있는 여러 가지 문제들을 줄일 수 있다.

걸으면서 마음 챙기기

일상생활에서 깨어있기를 훈련할 수 있는 또 다른 방법은 바로 산책이다. 실제로 다양한 종류의 걷기 명상법들이 소개되고 있는데, 실제 걸음걸이의 동작에 초점을 맞추는 경우도 있고 주변 환경을 관찰하기를 권하는 경우도 있다. 그러나 어떤 종류의 명상법을 취하든 간에, 걸어가는 동안 발생하는 모든 종류의 생각과 감정을 관찰하고 수용해야 한다.

- **원을 그리면서 천천히 걷는다.** 이 방법을 쓰면 다른 방향으로 빠져나가지 않기 때문에 정신이 분산되는 것을 막을 수 있다. 뒷마당이나 거실에서 원을 그리며 걷는다. 그런 다음 눈을 감은 채 두 발에만 초점을 맞춘다. 발이 땅이나 거실 바닥과 밟을 때 바닥과 떨어지는 순간에 어떤 느낌이 드는지 관찰한다. 우리가 '걷는다'고 말하는 움직임의 과정을 관찰한다. 계속 걸으면서 몸에서 어떤 감각들이 발생하는지 감지해보자. 또한 마음속으로 들어왔다 빠져나가는 생각들을 관찰하자. 당신의 경험은 어떤 모습을 띠는가? 마음속으로 이 훈련에 대해 어떠한 판단이 생기지는 않은가? 혹은 다른 감정이 느껴지는가?

- **자연 속에서 걷는다.** 자연환경을 바라보면 여러 가지 생각들이 떠오르겠지만, 판단이나 평가 대신 그대로 관찰하기 위해 노력하자. 자연에서 발견한 대상의 이름을 조용히 말하면서 라벨을 붙이는 연습을 해본다. 예를 들어 나무를 보고 '나무'라고 말하며 마음속으로 나무라는 라벨을 붙여보는 것이다. 이때 '나무'라는 단어는 내뱉는 순간 사라지지만 나무 자체는 거기 그대로 위치하며 앞으로도 계속해서 존재할 것이란 사실을 명심하도록 한다. 단어는 당신의 마음에서 만들어진 하나의 생각에 불과하며 그 대상과는 완전히 별개라는 사실을 인식하자.

• **도시 속을 걷는다.** 도시는 인간이 만든 조형물들로 넘쳐나기 때문에 관찰을 하기에 적합하다. 도시 속을 걸으면서 건축물의 디자인이나 특징을 살펴본다. 관찰하는 대상의 모양과 선들을 자세히 관찰하며, 구성 재료들의 질감을 비교해본다. 다양한 건물, 가구, 의류에서 발견할 수 있는 선, 모양, 구성에서 비슷한 점을 찾아본다. '예쁘다' 또는 '볼품없다' 등 평가가 자꾸 떠오르면, 거기에 판단이라는 라벨을 붙인 후 놓아준다. 그리고 경험을 말하기 위해 사용되는 언어와 실제 경험은 서로 별개라는 사실을 인식하자. 건물, 가구, 의류와 같은 범주 역시 언어의 산물일 뿐임을 인식하고 대상물의 모양이나 크기, 구성에 초점을 맞춰 있는 그대로 관찰하도록 한다.

• **색깔에 초점을 맞춘다.** 주변의 색깔을 주의 깊게 살피면서 걸어보자. 세상에 얼마나 많은 색상들이 존재하는지 관심을 가져본다. 바라보는 색깔에 라벨을 붙이는 것도 많은 도움이 된다. 노란색을 보면 입으로 '노란색'이라고 말하면서, 정말로 그 색깔이 노란색인지를 확인하자. 그리고 내뱉어진 말은 지나가지만, 색깔에 대한 경험은 지속된다는 사실을 인식하기 위해 노력한다. '노란색'이라는 말은 입 밖으로 나오는 즉시 공중으로 흩어지지만, 당신이 '노란색'을 보는 경험은 그 순간 일어나는 일이다.

눈을 사로잡는 다른 색깔들을 찾아보고, 그 색깔을 띠는 사물이 아닌 색깔 자체에 초점을 맞춰 본다. 이 훈련을 약간 변형하여 색깔을 하나를 먼저 선택한다. 파란색을 선택했으면 걸어 다니면서 파란색을 찾아본다. 파란색을 발견하면 이를 관찰하고 경험한다. 잠시 동안 파란색에 집중해 바라보다가 다시 다른 대상을 찾아본다. 주위 환경에서 제공하는 모든 파란색을 찾아 경험하며 즐긴다.

먹으면서 마음 챙기기

앞서 음식을 먹으며 집중하는 법을 익혔다. 먹는 행위는 오감을 모두 자극하기 때문에, 식사 시간은 깨어있음을 연습하기에 더 없이 좋은 기회다. 시각적인 모양, 향, 맛, 질감, 소리까지 모두 먹는 경험을 구성하는 요소들이다. 이를 의식하면서 음식을 섭취하면, 현재를 인식하는 능력이 계발될 뿐만 아니라 배고픔이나 포만감을 더욱 잘 느낄 수 있어 과식을 예방할 수도 있다. 의식하면서 음식을 먹기에 가장 편안할 때는 혼자서 식사할 때지만 여러 사람과 함께 식사할 때도 시도해볼 수 있다.

• **음식이 나오기 전에 정신을 가다듬는다.** 식사를 시작하기 전에 먼저 배고픔을 느껴보기 바란다. 음식이 눈앞에 나타나기 전에 신체적인 감각뿐만 아니라 생각도 관찰한다. 만약 당신이 직장

에 있다면 점심을 먹으러 나가기 전에 음식과 관련된 생각이나 배고픈 상태를 의식하면 된다. 직접 식사를 준비한다면, 천천히 준비하는 동작을 통해 깨어 있는 상태에서 음식을 만들도록 한다. 식사를 시작하기 직전에 음식을 기다리며 드는 생각이나 감정들을 관찰해보자.

• **음식을 바라본다.** 아마추어, 프로를 막론하고 모든 요리사들은 음식의 맛뿐 아니라 모양도 중요하다는 것을 잘 알고 있다. 음식의 시각적인 외관은 우리의 경험을 한껏 향상시켜준다. 사과를 한 입 베어 물기 전에 사과의 색깔을 한 번 살펴본다. 포테이토칩을 손에 들고 있다면, 입속에 넣기 전에 표면의 질감과 색깔을 꼼꼼히 관찰한다.

• **음식 냄새를 맡아본다.** 대부분의 사람은 음식을 즐길 때 그 향을 맡는다. 음식을 먹을 때에는 향을 음미할 수 있도록 시간적 여유를 둔다. 대부분은 따뜻한 음식을 먹을 때 냄새를 맡지만, 사실 차가운 음식들도 다양한 향을 가지고 있다. 먹기 전에 과일과 빵 등의 냄새를 맡는다. 음료수를 들이키기 전에도 천천히 냄새를 맡아본다. 음식을 입에 넣고 씹을 때는 음식의 향이 맛을 어떻게 두드러지게 하는지 관찰해본다.

• **음식의 결을 살펴본다.** 한 입 베어 먹기 전에 먼저 음식의 결을 살펴본다. 고기를 썰 때 어떤 느낌이 드는지 관찰해보는 것

이다. 빵을 천천히 반으로 뜯을 때도 부드럽게 나뉘는 결을 관찰한다. 음식을 베어 먹을 때에는 음식이 지닌 다양한 질감의 저항력을 느끼면서 씹는 동작을 아주 천천히 반복한다. 계란말이를 먹을 때와 으깬 감자를 먹을 때에는 어떤 차이가 느껴지는가? 음식을 베어 물었다면 씹기 전에 잠시 멈춰서, 혀를 이용해 음식의 질감을 느껴본다. 음식을 씹을 때는 어떤 느낌이 드는가?

• **음식에 귀를 기울여본다.** 음식은 저마다 다른 소리를 낸다. 뜨거운 요리를 담은 그릇에서는 지글지글 소리가 나며, 크래커를 베어 물면 바삭거리는 소리가 들린다. 이처럼 음식들은 저마다 각기 다른 소리로 우리를 맞이한다. 소리는 음식을 씹을 때도 이어진다. 눈을 감고 음식이 만들어내는 소리에 귀를 기울인다.

• **맛을 본다.** 쫓기듯 바쁘게 먹다 보면, 음식이 무슨 맛인지도 모르는 경우가 많다. 음식을 의식하면서 먹는다는 것은 한 입 한 입 먹을 때마다 현재 순간에 집중한다는 뜻이다. 음식을 입속에 집어넣으며 우선 온도와 질감을 인식한다. 그리고 맛을 감지할 수 있도록 씹기 전에는 잠시 멈춘다. 천천히 씹으며 맛이 어떻게 변하는지 살펴본다. 당신은 주로 혀의 어느 부위로 음식 맛을 보는가? 혀끝 아니면 혀의 안쪽 부위? 음식 맛에 반응하여 침은 얼마나 많이 분비되는지 살펴본다. 또한 맛을 놓

고 자신이 내리는 평가에 대해서도 알아본다. 그러나 판단은 관찰하고 놓아준다. 음식을 비평하지 말고 맛보는 데 집중한다. 음식을 삼키자. 그리고 잠시 기다린다. 음식을 삼키고 난 다음 뒷맛은 어떠한지 관찰한다. 뒷맛이 모두 사라지기까지는 어느 정도의 시간이 걸리는가?

- **생각을 관찰한다.** 다른 훈련과 마찬가지로 먹는 동안 마음속에 생기는 생각에 관심을 둔다. 생각에 휩쓸리지 말고 그저 관찰한다. 음식 자체와 먹는 과정에 집중하며 현재 순간에 머무른다. 생각을 관찰하는 것 역시 음식을 먹는 지금 일어나고 있는 경험의 일부분이다.

- **감정을 느껴본다.** 먹으면서 감정을 살펴본다. 힘든 하루를 보냈거나 불안감 또는 슬픈 일을 경험했는가? 그렇다면 이는 의식하면서 음식을 섭취하기에 좋은 기회다. 감정에서 벗어나기 위해 음식을 이용하기보다는, 감정을 의식하면서 음식을 섭취하도록 한다. 먹는 속도를 늦추면서 음식의 향, 질감, 맛을 경험하고 또한 그 순간 당신의 마음속에 자리 잡고 있는 감정을 느껴본다. 생각과 감정, 음식의 경험은 모두 내용물이며 자신은 이 모든 것보다 우위에 있는 커다란 존재임을 인식한다.

불안을 없애는 나만의 계획표 만들기

이제 걱정이나 불안을 느끼면 4가지 단계들을 한데 묶어 활용해 볼 때다. 걱정이 발생했을 때 지금까지 배운 것을 어떻게 통일된 방식으로 적용할 것인지 살펴보자.

① **걱정에 이름표 붙이기** 구체적인 생각에 '걱정' 또는 '반추'라는 이름표를 붙이거나 스스로 '이런 생각은 비생산적이며 도움이 되지 않는 것'을 확인할 수 있게 되었다. 이름표를 붙일 수 있다면 자신의 생각으로부터 한 걸음 물러나 객관적으로 인식할 수 있게 된 상태다.

② **통제욕구 버리기** 걱정과 관련된 생각을 확인하고 이름표를 붙였다면, 이러한 생각을 없애거나 통제하려는 욕구를 버리자

고 스스로를 일깨운다. 이 단계는 직관에 거스르는 행동처럼 보일지도 모른다. 흔히 '비생산적인 생각은 당연히 없애야 하는 거 아니야?'라고 생각하기 쉽기 때문이다. 그러나 생각이나 감정과 같은 내적 경험에서는 없애려고 노력하는 태도 자체가 문제다. 어떤 생각에 '비생산적'이라는 이름표를 붙였더라도 그 생각을 그대로 두려고 노력해야 한다. 이 자세가 바로 램프 치유법의 핵심이다. 깊게 복부 호흡을 하며 근육을 이완시키는 훈련을 하면, 생각과 감정을 통제하려는 욕구를 버리는 데 도움이 될 것이다. 이 단계에서 100퍼센트 성공하지 못했다고 너무 걱정할 필요는 없다. 통제욕구 버리기의 목적은 자신도 모르게 튀어나오는 통제반응을 잠시나마 중단시키는 데 있다.

③ **생각과 감정 받아들이기** 수용하기란, 생각과 감정을 탈융합된 방식으로 관찰하는 것을 뜻한다. 생각 속에서 벗어나 생각과 자아를 분리하고 관찰자로서 이를 조망하는 것은, 마치 전체 배경을 찍기 위해 카메라를 뒤로 잡아당기는 것과 같다. '나는 …한 생각을 품고 있다.'고 말을 하다 보면 생각과 감정으로부터 거리감이 생기고, 자신과는 별개라는 것을 경험할 수 있다. 만약 생각이나 감정들과 투쟁을 벌이게 되면 다시 2단계 통제욕구 버리기를 떠올린다. 그리고 생각은 내용물로서, 자신은 관찰자 또는 환경으로서 경험하도록 노력한다.

④ 현재 순간에 충실하기 관찰자 관점에서 생각과 감정을 수용할 수 있게 되었다면, 현재 순간의 경험을 열린 자세로 받아들일 수 있게 된 것이다. 현재 순간에 충실하기는 정신을 산만하게 만들려는 것이 아니라, 수용을 뒷받침하고 관찰자 또는 환경으로서 자신의 관점을 유지시키려는 데 목적을 둔다. 자신의 생각과 감정을 계속 관찰하면서 동시에 현재 당신이 어디에 있고 어떤 행동을 하고 있는지 인식할 수 있도록 노력한다. 또한 소리, 장면, 냄새 그리고 기타 감각들을 감지할 수 있도록 자신을 열어 놓는다. 원한다면 호흡을 관찰하면서 재빨리 신체를 살펴본다. 생각이나 감정을 포함한 모든 경험들을 수용할 수 있도록 일상생활과 마음에 여유를 마련하라.

가장 좋은 방법은 램프 치유법의 단계를 함께 활용하는 것이다. 여러 단계를 왔다 갔다 하기도 하고, 두 단계를 동시에 적용할 수도 있다. 어떤 방식을 사용하든지 큰 문제는 없다. 앞서 제시한 훈련 순서는 여러분의 이해를 돕기 위해 만든 기본 틀이다. 어떤 단계에서는 시간이 많이 걸리기도 하고, 어떤 단계는 여러 번 반복해야 하는 경우도 있을 수 있다. 하나씩 시도해보며 자신만의 스타일을 계발해보라. 필요하다 싶을 때에는 이 단계들을 응용해도 좋다.

다음 장에서는 램프 치유법의 5단계 '올바른 방향으로 나아가기'를 통해 1~4단계를 함께 적용하는 방법과 자신만의 방법을 개발하는 법에 관해 알아볼 것이다.

9장

램프 치유법 5단계

올바른 방향으로 나아가기

램프 치유법이 습관적인 걱정과 불안을 해소하는 데 정말 도움이 될까? '과연, 만약, 혹시' 같은 생각에 익숙한 사람이라면 이 책을 읽는 내내 의심을 떨치지 못했을 것이다. 이런 사람들을 위해 지금까지 배우고 연습한 내용이 빛을 발할 차례가 되었다. 지금까지 배운 개념과 훈련법들을 실제 걱정에 적용하는 법을 배워볼 것이다. 일상생활에서 당신을 옴짝달싹 못하게 하던 걱정과 불안의 사슬로부터 벗어나 진정으로 꿈꾸는 미래를 향해 나아가도록 하자.

걱정에 발목 잡힌 사람들의 고민

걱정과 불안을 해소하기 위해 램프 치유법을 이용하는 이유는 자발성을 발달시키기 위해서다. 내적인 자발성이란 자신의 생각, 감정, 감각들을 생각하고 느끼고 경험하려는 의지를 가리킨다. 이는 수용전념치료에서 수용에 해당한다. 한편 외적인 자발성이란 행동을 취하려는 의지를 가리킨다. 수용전념치료에서 전념, 램프 치유법에서 '올바른 방향을 나아가기'에 해당한다.

올바른 방향으로 나아가기 위해서는 우선 방향을 선택한 후 이를 위한 구체적인 행동에 전념하며 무슨 일이 있어도 행동들을 끝까지 해나가려는 의지가 필요하다. 그렇다면 '올바른 방향'이란 무엇인가? 그것은 여러분이 인생에서 가장 중요하게 여기는 가치가 무엇이냐에 따라 달라진다. 자신이 중요하게 여기는 가치가 무엇인지 알아보고 자신의 행동들이 이러한 가치와 얼마나 일치하는지를 정직하게 평가해볼 것이다.

걱정이 지나친 사람들은 걱정이 생기면 종종 회피나 지연 등의 행동을 보인다. 미심쩍거나 의심 가는 문제들이 모두 해결되기 전에는 어떠한 행동도 취할 수 없다고 생각하기 때문이다. 그러나 올바른 방향으로 나아가기를 배우고 나면 불확실하고 의심이 가는 일에 대해서도 행동을 취할 수 있게 될 것이다.

걱정되어 미루거나 불안하기 때문에 회피해버리는 것은 대부분 자신의 의지를 벗어나는 일로, 사실상 행동이 아닌 '반응'이다. 문제는 이러한 반응들이 가끔씩 자신이 중요하게 여기는 가치와 상반되어 나타난다는 데 있다. 예를 들어 몸무게가 많이 나가는 사람이 있다고 해보자. 그는 건강을 중요하게 여기며 운동할 시간이 없다는 사실을 몹시 걱정하면서도, 정작 눈앞에 음식이 나타나면 절제하지 못하고 먹어댄다. 우리의 목표는 무의식적으로 발생하는 행동들을 절제하고 자신의 가치에 따라 결정한 의도적이고 이성적인 행동을 하는 것이다.

걱정과 불안, 고민으로 가득한 시기에 도무지 인생이 풀릴 생각을 않고 점점 꼬여만 가는 듯했던 경험이 있을 것이다. 이것은 운명의 장난이 아니라, 당신 자신이 무의식적으로 보인 반응 때문이었을 가능성이 높다. 술을 마셔봤자 해결되는 일은 아무것도 없다는 것 뻔히 알면서도, 술을 마시며 고민을 잊으려고 노력하는 것이다(문제를 해결할 시간도 모자라는 데 말이다). 음주 외에 약물복용이나 사회적 고립 등도 무의식적 반응에 속한다. 한편 걱정 그 자체가 가치 있는 행동을 취하는 데 방해가 되는 무의식적 반응이 될 수도 있다.

걱정과 관심은 다르다

걱정이 많은 사람들은 대부분 '걱정하는 게 안 하는 것보다 낫지 않을까'라고 생각한다. 걱정하다 보면 미래가 나아지리라는 막연한 믿음을 갖고 있는 것이다. 이런 경우 걱정은 행동을 대신한다. 특히 사람들은 다른 사람이나 사건에 대해 걱정할 때, 걱정이 관심의 증거라고 생각하는 경향이 있다. 다 큰 아들에 대한 걱정이 끊이지 않는 어느 어머니의 예를 보자. 이 어머니는 하루에도 몇 번씩 아들에게 전화를 걸어 안부를 확인하고 또 확인하면서 "이게 다 엄마가 너를 사랑하기 때문이야."라고 말한다. 당신은 어떻게 생각하는가? 이 어머니의 전화는 정말 관심의 표현일까 아니면 그저 걱정을 표출하고 있는 것일 뿐인가? 정말 걱정과 관심은 같은 것일까?

걱정과 관심을 구분한다

누누이 말했듯이, 걱정은 생각을 통해 미래를 통제하려는 시도다. 그러나 이는 머릿속, 즉 내면에서 발생하는 일로서 상상에 불과하며 당연히 외부에 영향을 미칠 수도 없다. 걱정에 사로잡힌 어머니가 아들에게 거듭 전화를 거는 것처럼 걱정과 관련된 행동은 우리 외면에서 발생하지만, 그 목적은 내면의 불안과 불편함을 감소시키는 데 있다. 궁극적인 의미에서 걱정이란 나 자신의 불안을 다스리기 위한 것으로서 상대에게 관심을 가지는 것과는 완전히 다르다.

우리는 관심을 가지면 관심의 대상에 득이 되는 행동을 한다. 집 안의 화초를 걱정하는 것과 관심을 가지는 것은 어떻게 다를까? 일주일 동안 집을 비우게 된 사람이 밤낮으로 화초를 걱정했다고 치자. 걱정한다고 화초가 시드는 것을 막을 수는 없다. 돌아왔을 때 화초들은 모두 누렇게 시들어 있을 것이다. 마찬가지로 시도 때도 없이 아들에게 전화를 거는 어머니 역시 아들의 업무를 방해하고 결혼생활에 갈등을 일으킬 뿐, 진정한 의미에서 아들에게 관심을 가진 것은 아니다.

걱정과 관심을 혼동한 적이 있는가? 그렇다면 이 둘의 차이에 대해 분명하게 알아볼 필요가 있다. 환경에 관심이 있는 것과 걱정하는 것의 차이를 비교해보자. 둘 중 환경에 더 큰 영향을 미치는 것은 무엇인지 생각해본다.

| 걱정과 관심은 어떻게 다른가 |

환경에 대한 걱정	환경에 대한 관심
• 식수상태를 계속 점검한다. • 지역의 공기 및 수질검사 결과를 반복해서 확인한다. • 미래 세대의 재앙을 떠올린다. • 안면 보호 마스크를 착용한다.	• 저공해 차량을 구입한다. • 병이나 캔을 재활용한다. • 대중교통을 이용한다. • 환경운동에 참여하거나 친환경제품을 구입 한다.

전념훈련 1 | **삶에 대한 걱정 또는 관심**

걱정 때문에 나타나는 반응과 관심으로 인해 나타나는 반응을 구분해 적어보자.

건강에 대한 걱정	건강에 대한 관심

재정상태에 대한 걱정	재정상태에 대한 관심

대인관계에 대한 걱정	대안관계에 대한 관심

경력에 대한 걱정	경력에 대한 관심

관심은 대부분 행동으로 옮길 수 있는 것이 걱정과 결정적인 차이다. 관심은 실제 행동을 통해 외부환경에 영향을 미칠 수 있지만, 걱정은 내면의 불안을 진정시킬 뿐 실제적인 변화를 가져오지는 못한다. 인생을 바꾸기 위해서는 걱정이 아닌 관심이 필요하다. 걱정을 '관심'으로 바꾸기 위해 우선 자신이 가장 중요하게 여기는 가치가 무엇인지를 이해해야 한다.

나에게 중요한 것 질문하기

인생에서 가장 중요하다고 생각되는 것은 무엇인가? 대부분의 사람이 건강, 대인관계, 재정상태, 경력 등에 관심을 가질 것이다. 그러나 자신이 가장 중요하게 여기는 것이 무엇인지 확인할 필요가 있다.

혹자에게는 사람들과 어울리며 대인관계를 구축하는 일이 무엇보다 중요할 수 있다. 반면에 혼자 혹은 정말 가까운 지인과 단둘이서만 오붓한 시간을 만끽하는 걸 소중하게 여기는 사람도 있기 마련이다. 직업을 결정할 때 역시 급여를 중시하는 사람이 있는 한편, 일의 종류와 자신의 적성에 더 비중을 두는 사람도 있다.

당신이 중요하게 여기는 요소는 무엇인가? 자신의 능력을 한껏 발휘할 수 있는 자율성과 창의성이 우선인가 혹은 최소한의 스트레스로 안락한 직장생활을 하는 것이 우선인가? 이러한 질문에 대답을 해보며, 자신에게 소중한 가치를 확인해보자.

가치란 무엇인가?

우리는 삶에 가치를 더해줄 수 있는 경험 등을 가리켜 '가치가 있다'고 말한다. 그래서 가치를 확인한다는 것은, 자신에게 가장 중요한 것이 무엇이며 시간과 노력을 아낌없이 투자해도 좋은 요소는 무엇인지를 결정하는 일이다. 자신에게 중요한 가치를 분명히 파악해야만 두 개의 가치가 충돌했을 때 하나를 선택할 수 있다. 예를 들어 근무 시간을 늘리고 월급을 많이 받느냐 아니면 근무 시간을 줄이는 대신 월급을 적게 받느냐는 선택의 문제에 부딪혔다고 해보자. 만약 가치관이 명확하지 않다면 갈팡질팡하게 될 것이다. 지금부터 스스로에게 중요한 가치를 파악하기에 앞서 가치란 무엇인지 자세히 알아보자.

• 가치는 도덕관념이 아니다. 많은 사람은 '가치'란 단어를 들으면 도덕관념이나 바람직한 삶을 살기 위한 규칙들을 떠올린다. 그러나 수용전념치료에서 말하는 가치란, 도덕규칙이나 행동규약을 뜻하는 것이 아니다. 오히려 외부로부터 강요받기보다

는 내부에서 발생하는 것으로서 매우 개인적인 성질을 띤다. 가치는 각자 자기 안에 존재하는 나침반처럼 우리가 선택을 내릴 수 있도록 안내하는 역할을 한다.

• **가치는 평가될 수 없다.** 당신이 소중히 여기는 가치는 지극히 개인적인 것이다. 따라서 어느 누구도 좋고 나쁨을 판단할 수 없다. 물론 다른 사람의 가치와 자신의 것을 비교하고 차이점을 발견할 수는 있다. 그러나 만약 가치를 평가하고 어느 것이 더 나은지를 결정하려면 문제에 부딪히게 된다.

사람들은 무언가를 평가할 때 자신의 가치를 기준 삼아 평가 대상의 가치를 판단한다. 그런데 만약 자기 자신의 가치를 평가해야 한다면, 과연 누구의 가치를 기준으로 삼아야 할까? 결국엔 자신의 가치관에 따를 수밖에 없을 것이다. 결국 누군가 "왜 그것을 중요하게 여기나요?"라고 물어본다면, 자신의 가치를 설명하면서 대답할 수밖에 없다는 뜻이다.

사람들은 자신이 판단하기에 가치 있다고 여기는 것을 자신만의 고유한 방식으로 다룬다. 이러한 가치는 자신의 한 부분이기 때문에, 자기 자신은 결코 옳고 그름을 판단할 수 없다. 자신이 작성한 가치들의 목록을 살펴보다가 무엇인가가 빠진 것처럼 보일 수 있다. 이 목록이 부족하게 보인 이유는 무엇일까? 아마 빠진 항목이 당신에게 중요한 가치를 지녔기 때문일 것이다. 당신은 그 사실을 어떻게 알았을까? 바로 여기서 문제가 발생한다. 당신이 작성한 여러 가지 가치 중에서 빠진 것이 있다는 사실을 인식했다면 적지 않았어도 이미 가치 목록에 포함되었다는 의미다.

• **가치는 감정이 아니다.** 사람들은 종종 "무엇을 가치 있게 여기는가?"라는 질문과 "어떤 사람이나 사건에 대해 어떻게 느끼는가?"라는 질문을 혼동한다. 당신이 지금 하는 일을 어떻게 느끼는지 생각해보자. 항상 똑같은 감정만을 느끼는가? 그렇지 않을 것이다. 하지만 좋은 감정을 느끼는 날에는 열심히 일하고, 좋지 않은 감정을 느끼는 날에는 해야 할 업무를 모두 내팽개친다면 당신의 경력은 발전할 수 없다. 이때가 바로 '전념'을 발휘해야 할 시점이다. 어려운 감정이 발생했을 때 가치 있는 행동을 포기한다면 앞으로도 결코 원하는 곳에 도착할 수 없다. 결혼, 운동, 건강한 식생활 등을 추진할 때에는 마찬가지다. 전념 또는 올바른 방향으로 전진하기는 내적으로 느끼는 감정과는 상관없이 가치를 외부 행동으로 표출하는 것을 가리킨다. 이러한 방식으로 가치는 우리의 행동을 지시하고 조정한다.

• **가치는 목표가 아니다.** 가치는 삶의 방향과 구체적인 목표를 제시하지만, 가치와 목표는 엄연히 별개의 것이다. 반드시 가

치와 목표를 구분하도록 하자. 목표를 향해 노력하다 보면 가치가 제시한 방향에서 멀어지는 경우가 생기기 때문이다.

가정을 소중하게 생각하는 CEO가 있었다. 그는 가족들을 돌보기 위해 돈을 많이 벌어야겠다는 목표를 세웠다. 그러나 돈을 많이 벌겠다는 생각이 지나쳐 일에 매진하다 보니 항상 아이들이 잠든 후 늦은 밤이 되어서야 집에 돌아올 수밖에 없었다. 결국 목표(돈을 버는 것)를 통해 이루고자 했던 가치(가족의 행복)는 놓치게 되었다.

또한 서로 같은 목표를 추구하는 사람들이라도 소중하게 여기는 가치는 저마다 다를 수 있다. 선거에 출마하는 정치인들의 목표는 모두 선거에서 당선이다. 하지만 그렇다고 해서 이들이 모두 똑같은 가치를 품고 있는 것은 결코 아니다. 어떤 이는 경제성장의 가치를 높이 사고, 또 다른 이는 복지와 사회안전망을 중요시한다. 목표와 가치를 혼동하다 보면, 가치의 의미를 상실하고 가치가 제시하는 방향마저 잃을 수 있다. 목표는 당신이 아직 획득하지 못한 것으로서, 가능성을 가지고 있거나 그렇지 않거나 둘 중 하나다. 반면에 가치는 당신이 내부에 이미 있으며, 이에 귀를 기울이고 기울이지 않고의 여부는 온전히 자신에게 달려있다.

가치와 목표를 보다 정확하게 구분하려면 이렇게 질문해보

라. “이 목표를 달성했을 때 얻을 수 있는 이익은 무엇일까?” 이 질문에 대한 답은 목표 뒤에 숨겨진 가치를 보여준다. 예를 들어 결혼을 하면 배우자와 경험을 공유하고 친밀감을 형성할 수 있을 것이다. 이러한 요소들은 가치이며 결혼은 이러한 가치를 추구하기 위한 목표가 된다. 이 목표가 달성되지 않더라도 방향을 제시하는 가치는 그대로 남아 있고, 그 가치를 위하여 또 다른 목표가 생기기도 한다. 가장 중요한 점은 결혼이라는 목표가 가치를 제공하지 못할 경우, 공유할 수 있는 경험과 친밀감이 결여된 결혼생활이 될 수도 있다는 사실이다.

이외에도 목표에만 너무 치중한 나머지, 가치의 중요성을 상실해 생기는 문제는 많다. 우리의 삶의 방향이 가치가 아닌 목표로 결정된다면, 그 목표를 성공적으로 달성하고 난 다음은 어떻게 될까? 자신의 발전을 위한 목표를 세워서 달성한 후에 개인의 발전은 멈추게 되는 걸까? 많은 사람이 커다란 목표를 달성하고 난 뒤 삶의 방향 감각을 잃은 채 우울증에 시달린다. 이런 상황을 방지하기 위해서 목표를 세울 때 가치에 충실해야만 한다. 그래야만 계속해서 발전할 수 있으며 이후에 일어날 일들에 관해서도 예측하고 파악할 수 있다. 가치는 목적지가 아니라 방향 그 자체라는 사실을 명심하자.

전념훈련 2 | 가치 있는 경험

펜과 색인 카드를 준비한 후 훈련을 시작한다.

① 각 카드 마다 당신이 가치 있다고 여기는 경험을 묘사하는 단어들을 적는다. 그것은 이미 한 번 또는 여러 번 경험했거나 앞으로 해보고 싶은 경험일 수도 있다. 또한 소중한 사람과 함께 한 시간이거나 홀로 보낸 시간일 수도 있다.

'잠옷을 입고 아이스크림을 먹으면서 옛날 영화를 본다.'

'언젠가 파리에 가고 싶다.'

'운동하고 건강을 유지한다.'

'집을 넓혀나간다.'

'존과 함께 자전거를 탄다.'

② 작성된 글이 한눈에 보이도록 카드를 모두 펼쳐놓는다. 삶이 이러한 경험들로 가득 찬다면 어떨지 한번 상상해본다.

③ 이 경험 중 한 가지를 포기해야 한다면? 질병, 재정상의 문제 또는 통제할 수 없는 불가피한 상황으로 인해 이들 중 하나는 절대 경험할 수 없는 것이 되었다. 카드를 들여다본 다음 어느 것을 당신의 삶에서 삭제할 것인지 선택한다. 선택한 카드를 한쪽에 제쳐둔다. 이 경험이 없는 삶은 어떠할지 상상해본다.

④ 다시 한번 위의 과정을 반복하여 삶에서 영원히 제외할 경험을 선택한다. 좀 전에 제쳐놓은 첫 번째 카드 위에 이번에 선택한 경험을 올려놓는다. 총 5장의 카드가 남을 때까지 이 과정을 반복한다. 카드를 하나씩 없앨 때마다 남아 있는 카드를 바라보고 이렇게 제한된 경험들로만 이루어진 삶을 상상해보도록 한다.

⑤ 5장의 카드만 남게 되면 그 카드들을 자세히 살펴본다. 공통적인 요소는 무엇인가? 이 경험에 다른 사람들도 연관되어 있는가? 그렇다면 누구인가? 아니면 주로 당신 혼자 경험하는 일들인가? 주로 어디에서 일어나는 경험들인가? 당신은 어떤 행동을 하는가? 이러한 경험을 하는데 많은 비용이 드는가?

⑥ 당신이 삶에서 가장 중요하게 여기는 것이 무엇인지를 알려준다. 이는 당신이 생각하는 가치의 핵심을 보여주는 일람표가 될 것이다. 각 카드에 적힌 가치마다 어떤 경험과 관련된 것인지 간단한 설명을 덧붙인다. 목록들을 보관하고, 훈련을 다시 할 때 추가로 생기는 가치들을 함께 모아둔다.

가치를 확인하기 위한 훈련

지금껏 여러분은 어떤 목표를 세워야 할지 걱정하며 많은 시간을 보내면서도 가치에 대해서는 크게 신경 쓰지 않았을 것이다. 자신의 삶에 가치를 부여하는 요소가 무엇인지 알아보려면, 지금껏 겪은 여러 경험과 앞으로 살아가면서 경험하고 싶은 범주를 비교해야 한다.

이외에도 개인적인 가치를 생각해볼 수 있는 또 다른 방법이 있다. 삶의 몇 가지 주요 영역에서 당신에게 가장 중요한 것이 무엇인지를 떠올려보는 것이다. 지금부터는 훈련에서는 가족, 직업, 정신과 같은 몇 가지 영역을 생각해보고 당신에게 가장 중요한 경험이나 특징이 무엇인지 알아보자.

전념훈련 3 | 소중한 가치 목록 만들기

당신은 가치를 파는 백화점에서 쇼핑을 하려고 한다. 이곳에서 구입한 경험들은 모두 삶의 일부분이 될 것이며, 구입하지 않은 경험은 당신의 삶에 존재하지 않는다. 이 백화점에 들어와 있는 상점은 총 7개다. 당신은 7개의 상점 중 아무 곳에나 들어가 원하는 제품이라면 무엇이든지 살 수 있다. 단, 원하는 것이 없다면 사지 않아도 관계없다. 쓸 수 있는 돈은 총 1백 달러이다. 종이를 준비해서 당신이 삶에 포함시키고 싶은 가치와 그 가치의 비용을 함께 적는다. 가치를 구입할 때마다 얼마를 소비했는지 확인하고 1백 달러를 넘기지 않도록 주의한다. 사람마다 자신이 처한 환경에 따라 중요하게 여기는 가치가 다양하기 때문에 제품들의 가격은 임의로 책정했다.

| 가치를 파는 가게 |

레저와 학습		가족과 친구	
여행	$6	곤경에 처한 사람 돕기	$9
새로운 학습	$8	사랑하는 사람과의 데이트	$8
이완과 명상	$7	친목 도모	$6
취미, 스포츠 즐기기	$5	새로운 사람들과의 만남	$7
미술, 음악, 문학 즐기기	$6	클럽이나 그룹 활동	$5

사랑		직업	
배우자에 대한 충실	$8	많은 수입	$8
친교 및 관심거리 공유	$5	도전적이고 창의적인 일	$7
신체적인 접촉과 성관계	$7	타인 돕기	$8
로맨스와 흥미	$8	융통성과 자율성	$5
배우자와의 감정적인 교감	$9	스트레스가 적고 쉬운 일	$9

정신		사회	
기도와 명상	$7	정치 참여	$8
영적 부분에 대한 이해	$7	자원 봉사	$6
특정 종교에 대한 믿음과 수행	$7	환경 보호	$6
종교적인 모임 참석	$5	애국심	$8
위대한 힘과의 정신적인 교감	$6	윤리적이고 공평한 마음가짐	$7

정신과 신체의 연결			
건강식품 섭취	$7	규칙적인 운동	$9
심리학적 인식 · 정신 건강	$6	스트레스 관리	$7
장수	$6		

쇼핑하면서 선택에 어려움은 없었는가? 어느 상점에서 가장 많은 상품을 구입했으며, 반대로 가장 적게 구입한 곳은 어디인가? 당신이 구입한 품목들을 살펴보고 가장 많은 물건을 구입한 가게 또는 범주를 분석해보자. 결정한 선택에 반영되고 있는 가치에 관해 살펴본 후, 당신의 가치 목록에 새로운 항목들을 추가한다.

당신의 삶에 가치를 더해주는 중요한 경험이나 특징은 무엇인가? 기존에 작성해 놓은 목록만큼 중요하다는 생각이 들면 새로 추가하되, 가능한 한 목록은 19개 내외로 제한한다.

최종적으로 작성한 가치들을 들여다보면 어떤 것들은 서로 내용이 겹치기도 할 것이다. 카드 목록들을 잘 살펴보면서 행동이나 목표를 나열하지는 않았는지 확인한다. 예를 들어 '친구들과 스키 타러 가기'는 행동이나 목표일 뿐 가치가 아니다. 행동이나 목표 뒤에 숨겨진 가치를 알아보려면, 이렇게 자문해본다. "이 행동을 하거나 이 목표를 달성하면 어떤 좋은 점이 있는 거지?" 한 가지 목표는 다른 여러 가지 가치를 내포할 수도 있다. '친구들과 스키 타러 가기'와 같은 목표 뒤에는 '사랑하는 사람들과 즐거운 시간 보내기'나 '운동과 신체적인 건강함', '새로운 것 배우기' 등의 가치가 숨어 있을 수 있다.

타인이 아닌 나를 위해 움직여라

관심을 가지면 행동이 유발된다는 점에서 관심은 걱정과 다르다. 관심을 가지는 것은 자신의 가치에 책임을 지는 일이다. 많은 사람이 '책임'이라고 하면 설교를 해대는 권위적인 인물들이나 죄책감 등의 부정적인 이미지를 떠올린다. 그러나 '책임지는responsible'이란 말은 본래 '반응response'과 '할 수 있는 능력able' 두 단어의 결합이다. 책임이란 자신이 소중하게 생각하는 가치와 관련된 일에 반응할 수 있는 능력이며, 어떤 일에 대한 반응은 곧 행동으로 이어진다는 것을 뜻한다.

소중하게 여기는 가치가 무엇이든지 간에, 그것을 위해 행동(반응)하기 위해서는 의지가 필요하다. 따라서 '책임'이란 바로 그러한 의지와 결단력이 당신 스스로에게 달려있다는 의미다. 책임이라고 하면 일단 겁부터 내는 사람들이 많은데, 생각을 한 번 바꿔보라고 권유하고 싶다. 반응하고 행동하기 위한 결단력이 자기 자신으로부터 나온다는 생각은 오히려 우리에게 자유를 부여해준다. 그것은 인생의 다양한 길 가운데 원하는 길을 스스로 선택할 수 있으며, 그 선택에 따라 다른 결과를 만들어갈 수 있다는 의미다. 반응하고 행동할 수 있는 자신의 능력을 인정하지 않으면 결국 "난 아무것도 할 수 없어. 아무런 선택의 여지가 없다고."라는 식의 무기력 상태에 빠지고 말 것이다.

스스로 행동해야 하는 이유는 또 있다. 가치를 현실화하기 위해서는 행동이 필수적이며 '당신의' 가치를 위해 움직일 사람은 당신 자신 외에는 아무도 없기 때문이다. 우리는 중요한 가치에 대해 떠올릴 때 흔히 "그것은 중요해."라고 말한다. 한 환경주의자는 언제나 "환경은 중요해. 공기는 우리 삶에서 무엇보다도 중요한 거야."라고 말하고 다녔다. 어느 날 우연히 국회의원과 만나 대화를 나누게 된 환경주의자는 항상 그랬듯이 환경이 중요하다는 말을 되풀이했다. 그러자 국회의원은 "나는 당신의 의견에 동의하지 않아요. 공기오염이 우리 삶에 무슨 큰 영향을 미친다는 건지 모르겠군요."라고 반응했다.

환경주의자는 이산화탄소 배출로 인한 공기오염이 결국 지구온난화로 연결되며 다음 세대에 영향을 미친다는 사실을 지적했다. 국회의원은 지구온난화의 중요성을 부정했고, "솔직히 말하자면, 내겐 다음 세대 따위는 중요하지 않아요. 그들이 투표를 할 수 있을 정도로 자랐을 때면 나는 이미 은퇴하고 없을 텐데요, 뭐." 하고 말했다.

당신이 만약 환경주의자라면 어떻게 주장을 이어나가겠는가? 국회의원은 환경주의자가 중시하는 가치, 즉 공기나 지구의 온도, 다음 세대 등은 자신에게 중요하지 않다고 말했다. "그것(가치)은 중요하다."라고 말할 때 발생하는 문제점은 결국 가치의 중요성은 자신의 주관에 지나지 않는다는 것이다. 환경이 중요하니까 당연히 국회의원이 이를 위해 행동해주지 않겠느냐고 생각했다면, 이는 오산이다. 환경뿐 아니라 다른 가치도 마찬가지다. 당신이 소중히 여기는 가치, 그 중요한 일을 위해 행동을 취해줄 다른 사람이란 없다. 중요한 것과 중요하지 않은 것의 가치 판단은 결국 내 안에서 일어나는 일이며, 그에 대한 책임 역시 당신 스스로의 몫임을 인정해야 한다. 그리고 당신에게는 자신의 가치를 위해 행동할 수 있는 충분한 능력이 있다.

전념훈련 4 | 행동할 수 있는 능력 살펴보기

① 당신이 작성한 가치들의 목록을 살펴본다. 하나씩 들여다보면서 다음과 같은 질문을 떠올려보자. '지난주에 이 가치를 실현하기 위해 어떤 행동을 했었지?' 매우 간단하거나 작은 행동이었을지라도 상관없다. 일단 목록에 적힌 가치와 일치하는 행동이 무엇이었는지 생각해본다. 만약 지난주에 아무런 행동도 하지 않았다면 지난달에는 어땠는가? 그리고 작년에는?

② 목록상의 가치들을 위하여 할 수 있는 행동들을 최대한 생각해보고 이 중에서 얼마나 실천했는지에 따라 점수를 매긴다. 할 수 있는 모든 행동을 했다면 100점을 줄 수 있지만, 기회가 있었는데도 전혀 행동에 옮기지 않았다면 0점에 가깝다. 아주 작은 행동에도 반드시 점수를 주고 다른 행동들과도 비교해서 상대적인 점수를 매긴다.

내 인생의 방향등 찾기

구체적인 목표란 가치 있는 삶을 향해 가는 과정에서 거칠 수 있는 다양한 가능성 가운데 하나에 지나지 않으며, 시간이 흐름에 따라 얼마든지 변화할 수 있다.

목표에만 치중하다 보면 그 목표 뒤에 놓인 가치의 의미를 상실하기 쉽다. 그래서 본래 추구하던 방향을 잃은 채 잘못된 방향으로 향하게 되거나, 목표를 달성하고 난 후 아예 방향감각을 잃고 방황하기도 한다. 이처럼 가치를 잊은 채 목표에만 초점을 맞춰서는 안 된다는 사실을 다시 한번 마음에 새기자.

목표에만 너무 치중해도 안 되지만, 목표가 없는 삶 또한 곤란하다. 목표를 세운다는 것은 원하는 결과를 구체적으로 명시하고 이를 향해 전념하는 과정을 가리킨다. 원하는 가치에 구체성을 부여하고 실현하기 위해 반드시 필요한 것이 목표다. 이처럼 목표하는 결과를 향해 나아가기 위해서는 일정한 과정이 필요한데, 그 과정은 일련의 연속된 행동들도 이루어진다. 따라서 목표를 위해 전념하면, 그 과정에서 필요한 여러 가지의 행동에도 몰두할 수 있다.

원하는 삶을 위한 이정표

가치가 나침반처럼 우리를 올바른 방향으로 안내하면, 목표를 세우는 것은 그 방향으로 나있는 길에 이정표를 꽂는 것과 같다. 목표는 인생이라는 긴 여정에서 길을 잃지 않도록 도와준다. 목표는 '무엇을 해야 할 것인가'와 같은 활동에 초점을 맞춰 우리를 안내한다. 때문에 일단 목표를 세우고 일을 하다 보면 목표가 없을 경우에는 이뤄내지 못했을 일들을 실행하며 발전하고 있다는 느낌을 받게 된다. 반대로 목표 없이 가치에만 몰두하다 보면 길을 잃고 방황하게 되기 쉽다.

모리스는 창의적인 일이 가치 있다고 생각하는 사람이었다. 그는 자신의 창의성을 발휘하기 위해 다양한 노력을 했다. 어떤 날은 그림을 그리고 또 어떤 날은 조각을 해볼까 골똘히 고민하며 하루하루를 보내던 어느 날, 우연히 보게 된 다큐멘터리를 계기로 그는 가능한 새로운 것을 발견하고 연구하는 것이야말로 가치 있는 일이라고 생각하게 되었다. 그러자 그림을 그리고 조각을 하던 이제까지의 활동들이 모두 만족스럽지 않게 여겨졌다.

모리스의 문제는 구체적인 목표가 없었다는 것이다. 목표가 없이 이 일 저 일을 산발적으로 하다 보면 가치를 실현하기는 커녕 가치라는 나침반이 가리키는 방향을 벗어나 방황하기 쉽다. 가치를 실현하기 위해서는 구체적으로 무엇을 어떻게 하겠다는 목표가 있어야만 한다. 그래야 이를 위한 활동들에 의미를 부여할 수 있으며 지속적으로 활동을 해나갈 수 있다. 모리스가 '앞마당에 세울 조각품 완성하기'나 '5년 이내에 개인전 열기' 등을 목표로 활동하면 어땠을까? 현실적이고 실현 가능한 목표를 구체적으로 세워야만 피드백이 가능하고, 진정으로 가치 있는 방향을 향해 일관되게 나아갈 수 있다.

이때 피드백은 매우 중요하다. 인생의 길이 항상 일직선으로 똑바로 나있지 않기 때문이다. 심지어 올바른 방향을 가고 있는지조차 알 수 없는 경우도 있다. 산길을 따라 등산을 하고 있을 때, 목적은 오로지 정상을 향해 위로만 올라가는 것이다. 하지만 정상을 향해 가는 과정에서는 때때로 왼쪽이나 오른쪽 산길로 들어서야 하는 일이 생긴다.

우리의 인생도 마찬가지다. 하나의 목표를 향해 가더라도 언젠가는 지그재그 방향으로 나있는 길과 맞닥뜨릴 수밖에 없다. 당신이 직업에서 자율성과 독립성을 중요한 가치로 여긴다면 자율성을 위해 대학 학위, 면허증, 전문 지식을 보증할 수 있는 증명서가 있어야 한다. 그러기 위해서는 우선 믿을 수 있는 기관의 체계적인 프로그램이나 연수에 참여하는 것부터 시작한다. 처음에는 이러한 행동이 당신의 가치와는 거리가 먼 행동처럼 보일 수 있다. 조직화되어 많은 제약이 따르는 교육과정이 자율성이라는 궁극적인 방향으로 나아가기 위해 거쳐야 할 중간 과정임을 이해한다면, 이를 위해 꾸준히 노력할 수 있을 것이다.

목표를 세울 때도 전략이 필요하다

목표를 세울 때에는 한 번에 한 가지 가치만 생각하자. 물론 당신은 현재 삶에서 제외된 가치부터 실현하고 싶을 것이다. 하지만 오히려 지금 당장 벗어날 수 없는 가치에서부터 시작하는 것이 좋다. 그런 다음 핵심 가치를 살펴보고 다음과 같이 자문해보자.

"이 가치가 실제로 존재할 수 있는 것은 무엇 때문인가?"

그런 후에 실용적이고 달성할 수 있는 목표들을 떠올려본다.

목표는 현재 상황을 고려해 가능한 영역에서 골라야 한다. 예를 들어 현재 뚱뚱한 50대이며, 과학이나 공학 분야에 관한 전문 지식도 부족하다고 치자. 그러면 우주 비행사가 되겠다는 목표는 현실적으로 실현 불가능하다. 차라리 등산모임에 참석하면서 우주 과학에 관한 책들을 읽고 천문관에서 자원봉사자로 일하는 편이 더 낫다. 이는 우주 비행사라는 목표와 방향은 같으면서도 현실적으로 실현 가능하다는 점에서 차별화된다. 이렇듯 현실주의적인 자세를 유지하는 것은 중요하다. 하지만 그렇다고 해서 용기마저 버려야 한다는 뜻은 아니다. 불가능한 목표와 어렵지만 도전할 수 있는 목표는 엄연히 다르다. 지금 하는 훈련은 보다 가치 있는 삶을 위한 것으로서, 중요한 것은 바로 당신 자신의 가치와 인생이다. 그러므로 인색하게 행동해서는 안 된다.

만약 당신이 세운 목표가 다소 도전적이며 아주 먼 미래에 해당한다면 단기간의 작은 목표를 많이 세워놓는 것도 도움이 된다. 장기적이고 원대한 목표를 세우다 보면 너무 크고 복잡해보여, 간혹 무엇부터 시작해야 할지 감이 잡히지 않을 때가 있다. 이럴 때 자잘한 목표들은 현재의 위치와 그간의 발전 정도를 보여주는 지표가 될 것이다. 또한 지금 당장 취해야 할 행동이 무엇인지 방향을 잡는 데도 도움이 된다.

목표를 세우는 데 방해가 되는 요인들

걱정을 많이 하는 사람들은 목표를 세우는 데 어려움을 겪는다. 목표 세우기와 관련해 흔히 나타나는 걱정거리는 다음과 같다. 한 가지를 선택하면 다른 모든 가능성을 선택할 수 없으리라는 두려움, 잘못된 목표를 선택했을지도 모른다는 두려움, 끝으로 선택한 목표에 도달하는 데 실패할지도 모른다는 두려움이다. 걱정이 많은 사람들은 이런 두려움에 직면했을 때 종종 목표를 세우는 것 자체를 회피해버리기도 한다.

• **하나의 목표에 전념하는 데 대한 두려움** 한 가지 사항을 선택하면 다른 기회들을 모두 잃어버릴지도 모른다는 두려움이다. 이 걱정이 많은 사람들은 한 가지 목표에 전념하기로 선택한 순간, 다른 가능성들을 통제할 수 있는 기회와 자유를 상실하는 데 대하여 몹시 불안해한다. 가끔은 이러한 두려움 때문에 아무것도 선택하지 않는 최악의 선택을 내리기도 한다.

여러 개의 문이 일렬로 늘어서 있는 복도에 서 있다고 생각해보라. 모든 문은 열려 있는 상태고 각각의 문 앞에는 라벨이 붙어있다. 그러나 직접 문을 통과하지 않고서는 방안에 무엇이 있을지 알 수 없으며, 열려 있는 문 안으로 들어갔다 나왔을 때 다른 문들이 그때까지 열려있을지도 확신할 수 없다.

아마도 복도에 서 있는 동안에는 어느 문이든 선택해 들어가

볼 수 있기 때문에 이 복도 전체가 당신의 통제 아래에 있다는 느낌을 받을 것이다. 복도에서 서성대던 당신은 방안에 무엇이 있을지 궁금하지만, 하나를 선택해 들어가면 나중에 돌아왔을 때 다른 문들이 잠겨 선택의 기회를 잃을지도 모른다는 생각에 섣불리 결정을 내리지 못한다. 다른 기회들을 잃을지도 모른다는 두려움 때문에 복도 한가운데 서서 문이 잠기지 않도록 관리한다면, 결국엔 평생을 복도에서 지내다가 생을 끝마치게 될 것이다.

여러 가능성들을 열어둔 채로 유지한다는 말은 어떠한 문을 통과하지도 경험하지도 않는다는 것을 의미한다. 기회와 가능성을 유지할 수는 있겠지만, 그게 전부다. 레스토랑에 가서 메뉴판을 보더니 아무것도 주문하지 않는 것과 마찬가지다. 메뉴를 모두 선택할 수 있는 상태니까 당장은 흐뭇할지 모르지만, 주문을 하지 않으면 결국 들어올 때와 마찬가지로 허기진 배를 움켜쥐고 레스토랑을 나가게 될 것이다.

• **잘못된 목표를 선택할지도 모른다는 두려움** 걱정이 많은 사람들의 공통된 특징 중 하나는 바로 불확실함을 견디지 못하는 태도다. 목표를 선정하는 데 어려움을 겪는 사람들은 행동하기 이전에 선택한 목표의 결과를 알고 싶어 한다. 부정적인 결과에 대한 두려움뿐만 아니라 더 나은 결과가 있을지도 모른다는

가능성에 대한 두려움이 동반된다. 나쁜 선택을 할까봐 걱정하는 것이 아니라 최고의 선택을 놓칠지도 모를까봐 걱정한다.

이럴 때는 무엇보다도 행동이 필요하다. 목표가 머릿속에만 있으면 결국 선택하지 않은 다른 목표와 비교하며 어느 것이 더 나을지 저울질하게 된다. 목표에 따른 실제 결과도 마찬가지다. 선택 가능한 여러 가지 목표가 있을 때, 당신은 아마도 목표들의 상대적 가치를 비교해볼 것이다. 그러나 정작 중요한 것은 어떤 목표를 선택하든지 간에 이에 전념할 수 있는 능력이다. 일단 목표를 세우면 그 선택을 받아들이고 가능한 모든 노력을 기울여야 한다. 당신 자신의 선택과 전념을 위한 노력 없이 최고의 선택이란 존재할 수 없다.

- **실패에 대한 두려움** 구체적인 목표, 특히 도전적이거나 위험한 목표에 전념할 때 사람들은 대개 이런 질문을 떠올린다. '만약 성공하지 못하면 어쩌지?' 실패의 가능성에 대해 불안감을 느끼는 것은 자연스러운 현상이다. 하지만 이것이 목표를 향해 가는 데 방해물이 되어서는 안 된다. 실패는 나타날 수 있는 결과 가운데 하나의 가능성에 불과하다. 목표에 전념할 때에는 결과가 아니라 이를 위한 과정에 몰두해야 한다. 특히 목표를 달성하지 못하더라도, 자신이 원하는 결과를 위해 다시금 행동에 전념해야 한다.

전념훈련 5 | 가치 지도 만들기

① 가치 실현을 위한 지도value map를 만들어보자. 앞서 작성했던 가치들의 목록을 살펴본다. 그 중에서 당신에게 가장 중요한 가치를 한 가지 선택한다. 그리고 가치 지도의 맨 상단 '가치' 부분에 적는다.

② 가치와 일치하는 장기적인 목표를 생각해본다. 가치가 실현되기 위해서 필요한 것은 무엇일까? 현실적으로 실현 가능한 것인지 확인하고 용기를 가지고 목표를 설정한다. 그리고 이를 '장기적인 목표' 부분에 적는다.

③ 이제는 장기적인 목표를 향해 나아가는 과정에서 얼마만큼 발전해 나가는지 중간 중간에 확인할 수 있도록 단기적인 목표들을 세울 차례다. 단기적인 목표들은 곧바로 행동을 취할 수 있도록 가까운 미래에 놓여 있어야 한다. 이를 '단기적인 목표' 부분에 적는다.

④ 다른 핵심적인 가치를 선택해 새로운 지도를 작성한다. 그리고 이전 훈련에서 당신이 비중을 적게 두었던 가치에 초점을 맞춰본다. 이러한 가치들은 충분히 전념하지 못해 행동이 부족했던 부분들이기도 하다(가치 지도 가운데 아래의 몇 가지 항목은 다음 훈련에서 완성할 것이다).

| 가치 지도 |

가치	
장기적인 목표	
단기적인 목표	
시간 · 장소	
행동	
장애물	

다른 내일을 만나기 위해서는 생각을 멈추고 행동하라

장기적인 목표를 설정하고 그 사이사이에 단기적인 목표들을 여러 개 세웠다면, 이제 무엇을 할 차례일까? 여러 개의 단기적인 목표 중 하나를 골라 이를 실행하려면 지금 당장 해야 할 일은 무엇인가? 이런 것들을 생각하다 보면 걱정, 의심, 미심쩍음, 두려움과 같은 행동을 개시하는 데 방해가 되는 생각과 감정이 떠오를 수 있다. 자발적으로 행동하기 위해서는 이때 유발되는 모든 것들을 생각하고 느끼고 경험할 수 있어야 한다. 장애물과 그 극복법에 대해서는 뒤에서 자세히 살펴볼 것이다. 그 이전에 단기적인 목표를 향해 전진하는 데 필요한 것이 무엇일지부터 생각해보자. 그것이 쉬울지 어려울지는 걱정하지 말고 그냥 무엇이 필요할지만 떠올려보라.

계획은 구체적일수록 좋다. 예를 들어 장기적인 목표가 '다양한 친구 사귀기'라면 단기적인 목표는 '카렌과 가까워지자'가 될 수 있을 것이다. 이처럼 단기적인 목표를 실행하기 위해서는 구체적인 행동이 필요하다. '카렌에게 전화를 걸어 함께 영화를 보자고 제안하기'는 구체적인 행동의 예가 될 수 있다. 더 세부적으로 들어가 어떤 영화를 함께 볼지 목록을 만들어보는 것도 좋다.

다음 단계는 이 행동으로 현실로 옮길 시간과 장소를 선택하는 것이다. 시간과 장소에 행동을 고정하면 목표는 생각의 영역(머릿속)에서 현실의 영역으로 이동하게 된다. 예를 들어 카렌에게 함께 영화를 보자고 제안할 계획이라면 '오늘 밤 6시에 집에서 카렌에게 전화를 걸자'라고 목표를 잡는다.

전념훈련 6 | 행동을 위한 계획 세우기

① 가치 실현을 위한 장기적인 목표와 단기적인 목표를 적어두었던 '가치 지도'에서 단기적인 목표들 중 하나를 선택한다. 그리고 이를 실행하기 위해 오늘 또는 다음 주에 취할 수 있는 행동을 목록으로 작성한다.

② 목록상의 행동들에 관해 더욱 구체적으로 생각해본다.

③ 첫 번째 행동을 완수할 수 있는 날짜와 시간을 고른다. 이를 실천할 장소도 함께 기입해 놓는다.

행동과 목표의 간격은 심플하게

반드시 행동과 목표 사이의 관계를 이해해야 한다. 행동과 목표 사이의 관계가 복잡하면 눈에 띄는 발전이 나타나지 않는 경우가 많다. 감기에 걸려 열이 높다고 가정해보자. 병원에 가서 진찰을 받고, 집에 오자마자 약을 먹고 바로 체온을 재보았는데 아직도 열이 남아 있다. 이 경우 당신은 남은 약을 모두 쓰레기통에 던져 버리면서 "이 항생제는 전혀 효과가 없잖아! 진단을 잘못 내린 게 분명해!"라고 말할 것인가? 약을 먹는 행동이 열을 내리려는 목표와 어떻게 연관이 있는지 분명히 이해해야만 지속적으로 행동을 유지할 수 있다.

더 흔히 볼 수 있는 예가 바로 다이어트와 식이요법의 관계다. 당신은 이틀 동안 샐러드를 먹고 간식은 입에 대지도 않았다. 그리고 나서 체중계에 올라갔는데 몸무게에는 큰 변화가 없었다. 칼로리 섭취와 체중 감량의 복잡한 관계를 이해하지 못하면 금세 식이요법을 포기한 채 다시 예전 식습관으로 돌아가기 쉽다. 끝으로 한 가지만 더 예를 들어보자. 새로운 사람을 만나 데이트를 하는 행동과 오랜 관계를 유지하고자 하는 목표 사이의 관계를 생각해보라. "몇몇 사람들을 만나 데이트도 해보았는데, 오랫동안 지속적인 관계를 유지하는 사람은 없어요."라고 말하는 사람은 대인관계를 발전시키는 목표와 데이트라는 행동 사이의 관계를 지나치게 단순화한 것이다.

새로운 기술 습득을 목표로 정했을 때에는 지속적인 행동에 전념하는 자세가 특히 더 필요하다. 야채를 구입하고 요리법을 따라 했다고 해서 훌륭한 음식이 완성되는 것이 아니다. 목표와 행동들 사이의 관계가 복잡할 때에는 지속적인 행동과 단기적인 목표들이 추가로 필요하다.

행동과 장애물 : 외부와 내부				
행동	▶	장애물 (생각, 감정, 감각)	▶	행동

수용과 전념 : 외부와 내부				
전념 (진행)	▶	수용 (이름표 붙이기, 버리기,받아 들이기, 충실하기)	▶	전념 (진행)

행동을 방해하는 장애물

지금까지 장기적인 목표와 단기적인 목표들을 세우고 그 사이사이에 실천할 수 있는 구체적인 행동들을 생각해보았다. 자세한 시간과 장소까지 계획했으므로, 이제 남은 것은 계획에 따라 그대로 실행하는 일뿐이다. 그러나 아쉽게도 계획을 몸소 실천하는 일은 그리 간단하지 않다. 간단했다면 왜 이 책을 읽고 있겠는가? 많은 사람, 특히 걱정과 불안으로 고통에 시달리는 사람들에게 행동으로 옮기는 이 단계는 늪이나 마찬가지다. 헤어 나오질 못하고 버둥대다 포기하고 만다.

실천을 방해하는 장애물에는 크게 외적 장애물과 내적 장애물, 두 가지가 있다. 외적 장애물은 목표를 향해 나아가다 보면 반드시 부딪히게 되는 실질적인 문제들이다. 생각의 영역에서 현실의 영역으로 옮겨갈 때 일어날 수 있는 일을 모두 예견하기란 불가능하다. 외적 장애물은 흔히 나타나기 때문에 행동 개시라는 등식에서 상수에 해당한다. 하나의 목표를 향해 움직이다 보면 그 과정에서 끊임없이 문제를 해결하고, 계획된 행동을 수정하고, 예상하지 못했던 장애물을 극복하고 수용해야 한다. 이러한 외적 장애물들을 극복하는 데 필요한 기술들을 배워볼 것이다.

외적 장애물이 이미 정해진 것이라면 내적 또는 심리적인 장애물은 주요 변수와도 같다. 행동들을 고찰하고 실천할 때 경험하는 생각, 감정, 감각이 바로 내적 장애물에 해당된다. 걱정이 많은 사람들은 이런 장애물에 부딪힐 때마다 이를 피하기 위해 행동을 지연시키거나 회피하거나 아예 멈춰버린다. 장애가 되는 생각과 감정을 수용하기, 생각과 자신을 분리하고 나아가기는 지금까지 연습했던 내용이다.

외적·내적 모델을 기억하는가? 행동은 외부에서 일어나는 것이지만, 행동에 장애물이 되는 요인들은 주로 내부에서 발생한다. 개인적인 내적 장애물을 인지하고 수용한 후 탈융합하여 가치 있는 방향으로 나아가기 위해서는, 목표와 계획 세우기뿐만 아니라 램프 치유법의 1~4단계도 함께 활용해야 한다.

버스의 불청객들

버스 승객 이야기를 기억하는가? 잠재적인 내적 장애물들은 버스 승객에 비유할 수 있다. 지금까지 가치를 자세히 탐구했으므로, 버스의 비유에서 나왔던 '노선을 따라 운행하기'를 더욱 잘 이해할 수 있을 것이다. 여기서 버스 노선을 따라간다는 것은 가치 있는 방향으로 전진하기 위해 전념하는 자세를 의미한다. 전념하기 위해 여러분은 매 정류장마다 버스를 세웠다.

행동에 방해가 되는 생각, 감정, 감각들은 정류장에서 올라타는 버스 승객들이다.

대부분의 경우 이 승객들은 목표를 세우는 데도 방해가 된다. 한 가지 행동에 전념하면 다른 기회를 잃게 되는데, 이러한 생각은 많은 사람을 위협한다. 이 외에도 잘못된 선택을 할까봐 또는 실패하게 될까봐 두려워한다. 다른 사람이 어떻게 생각할지, 행동을 이행하는 본인의 의지나 능력에 문제는 없는지도 염려한다. 걱정을 많이 하는 사람들이 겁내는 장애물, 즉 버스 승객들 중에는 일의 결과가 어떻게 될지 확신이 서지 않을 때 경험하게 되는 두려움도 있다. 불안과 관련된 신체적인 감각이나 감정 외에도, 부정적인 결과가 일어날까봐 미리 걱정하는 것이다.

'만약 …라면 어쩌지'라는 생각, 과거에 대한 반추, 걱정과 관련된 행동에 뛰어들고 싶은 충동들도 가치 있는 방향에 전념하여 발전하는 데 방해물로 작용한다. 결국 행동으로 옮기려는 의지는 이러한 장애물들을 승객으로 변화시키는 능력에 달려 있다. 특히 모든 정류장마다 차를 세워 승객들을 태우면서도, 원하는 목적지를 향해 노선을 따라 운행할 수 있는 의지인 자발성을 기르는 것이 중요하다.

전념훈련 7 | 장애물 확인하기

① 지금까지 작성한 각각의 행동들을 숙고해 보면서 마음속에 떠오르는 내적 장애물들을 가치 지도에 적어본다.

② 주저하게 만들거나 어떠한 행동을 취할 수 없도록 방해하는 생각들을 적어본다. '만약 …라면 어쩌지'라는 생각, 의심, 판단들도 이에 포함된다.

③ 행동을 적어놓은 목록을 보고 자신이 이를 실천하는 모습을 상상해보면서 어떤 감정이 떠오르는지 살펴본다. 불안 외에 슬픔, 분노, 죄책감, 지루함과 같은 감정들도 방해물이 될 수 있다.

④ 신체적인 감각에는 변화가 없는지 살펴본다. 이들 역시 방해물이므로 목록에 추가로 적어놓는다.

3부

부정적인 감정에서 자유로워지는 법

10장

걱정과 관계를 유지하는 법

이제 램프 치유법에 어느 정도 익숙해졌을 것이다. 지금부터는 5단계를 한꺼번에 적용하여 활용하는 방법을 배워보자. 불안이나 걱정을 치유할 때 가장 좋은 방법(아마 유일한 방법이기도 할 것이다)은 바로 불안한 감정과 걱정으로 가득 찬 생각들을 일부러 불러일으켜 경험하는 것이다. 이처럼 어떤 생각이나 감정을 의도적으로 경험하는 훈련을 가리켜 노출exposure이라고 부른다.

반드시 극복해야 하는 두려움의 정체

많은 연구에 따르면 '노출'은 불안과 관련된 문제를 치료하는 가장 효과적인 방법 중 하나다. 여러분도 훈련을 통해 자신만의 노출 프로그램을 만들 수 있다. 그러나 자신만의 노출 프로그램을 개발하기 전에 먼저 필요한 이유를 인식해야 한다. 노출의 목적은 불안을 감소시키거나 없애기 위한 것이 아니다. 오히려 자신의 감정과 생각을 수용하고 현재 순간에 충실할 수 있도록 하는 데 목적이 있다. 노출은 행동하려는 의지(외적)뿐만 아니라 생각하고, 느끼고, 경험(내적인 경험)하려는 의지까지 기를 수 있도록 도와준다.

노출 프로그램 구성하기

노출 프로그램은 크게 걱정 노출과 행동하기로 구성된다. 걱정 노출은 걱정거리를 생각하고, 걱정과 관련되니 다른 감정들과 불안을 느끼며, 반사적으로 떠오르는 감각과 판단 및 행동에 관한 충동을 있는 그대로 경험하고자 하는 의지(자발성)를 길러준다. 걱정 노출을 훈련할 때에는 램프 치유법의 1~4단계(이름표 붙이기, 통제욕구 버리기, 생각과 감정 받아들이기, 현재 순간에 충실하기)를 활용하고 계발하는 데 중점을 두어야 한다. 그러나 걱정 노출 훈련을 하면서 가치를 실현하기 위한 행동에 전념하다 보면 자연스럽게 램프 치유법의 마지막 단계(올바른 방향으로 나아가기)도 익숙해질 것이다.

노출 프로그램의 두 번째는 행동하기로 올바른 방향으로 나아가기에 초점을 맞춘다. 실천을 위해서는 내적인 의지도 필요하지만 외적인 의지, 즉 행동하려는 의지도 중요하다. 가치 있는 행동에 전념함으로써 투쟁 도피 반응이 아닌, 자신의 가치에 따라 반응하는 능력을 기를 수 있다.

노출 훈련 시 주의할 점

노출을 훈련할 때에는 왜 이러한 훈련을 하는 목적과 성격을 잘 이해해야 한다. 그렇지 않으면 걱정과 불안에 노출되지 않은 상태에서 노출 훈련을 하는 아이러니한 상황이 연출될 수도 있다. 이를 예방하기 위해 다음에 나와 있는 몇 가지 사항을 살펴보자.

• **불안이 없는 노출은 노출이 아니다.** 노출 프로그램은 투쟁 도피 반응을 활성화시킨다. 실제로 임상치료연구 결과, 노출 프로그램을 실시했을 때 심장박동수가 크게 증가했던 사람들이 큰 효과를 보았다. 반면에 노출 프로그램을 실시하는 동안 반응을 적게 보였던 사람들은 치료효과도 낮았다고 한다(심장박동수가 빨라지는 것은 대표적인 투쟁 도피 반응이다). 이러한 결과는 당연하다. 이 프로그램의 목적은 '걱정'에 자신을 노출시키는 것이기 때문이다. 훈련을 하다 보면 불안을 느끼고 심장박동수도 빨라진다. 만약 노출 프로그램을 하는 동안 불안을 감소시키려고 다른 방법을 취한다면 불안에 완전히 노출될 수 없어 효과가 떨어진다. 노출을 연습할 때에는 최대한 불안감을 고조시키기 위해 집중해야 한다.

• **노출은 항상 의도적으로 이루어진다.** 걱정을 많이 하는 사람에게 노출 프로그램을 설명하면 "일부러 걱정에 노출될 필요는 없어요. 노력하지 않아도 이미 수도 없이 경험해 왔는걸요. 저는 날마다 불안과 걱정에 시달려요. 그것만으로도 충분하답니다."는 반응을 보인다. 이 반응은 노출의 정확한 의미를 파악하

지 못한 것이다.

기억해두자. 노출이란 고의적이고 의도적으로 이루어진다. 스스로 목적의식을 갖고 하는 것이지 우연히 발생하는 사건이 아니다. 우연히 불안이나 걱정에 부딪히는 것과 스스로 불안을 불러일으키는 것은 상당한 차이가 있다. 그 차이는 불안과 감정을 인지하고 수용하고자 하는 의지에 따라 결정된다. 어떤 일을 선택한다는 것은 이를 경험하고 행동으로 옮길 의지가 있다는 뜻이다. 우연히 생긴 걱정을 하는 것이 아니라, 의도적으로 걱정에 노출되기를 선택하는 것이기 때문에 앞서 설명한 자발성을 기르는 데 많은 도움이 된다.

• **노출은 항상 100퍼센트여야 한다.** 노출 프로그램을 계획하면 각자의 경험에 따라 자신만의 변수를 설정한다. 우선 어떤 주제에 대해 걱정할지 선택하고, 얼마 동안 그 행동에 전념할지를 결정한다. 처음에는 진행 속도를 조금 늦추는 게 도움이 될 수도 있다. 변수를 설정하는 이유는 불안의 양을 제한하기 위해서가 아니다.

노출 프로그램의 목적은 불안을 100퍼센트 경험하는 데 있다. 불안을 통제하거나 제거하려고 노력하면 할수록 오히려 불안한 마음은 커진다. 감정을 의자에 따라 '조금만' 느껴보겠다는 건 불가능하다. 불안 수치 80을 넘기지 않겠다는 태도로 접근하여도 불안 수치를 40이나 10으로 설정했을 때와 별 차이가 없다. 불안은 통제해봤자 의미가 없다. 따라서 각 훈련을 할 때마다 준비상태에 맞춰 걱정을 불러일으키는 시간이나 상황적인 변수를 설정하고, 이와 함께 밀려오는 불안감을 완벽하게 느끼려고 노력하자.

걱정을 잡으려면 걱정의 굴로 들어가라

노출 프로그램의 1단계는 '걱정 노출'이다. 매일 시간을 정해서 꾸준히 연습하다 보면 자신만의 방법을 찾을 수 있다. 또한 걱정과 불안을 통제하려는 태도에서 벗어나 이를 자발적으로 경험하려는 자세를 가질 수 있다.

하루 30분으로 걱정에서 벗어난다

노출 프로그램을 할 때는 하루 30분은 시간을 할애해야 한다. 바쁜 일상을 살아가는 것도 하나의 도전이 다. 걱정과 불안이 당신 삶에 미치는 영향을 변화시키기 위해 노력할 준비가 되었는가? 한 달 동안 매일 30분씩 걱정 노출을 훈련하면서 자신이 어떻게 하고 있는지를 틈틈이 점검한다. 자발적으로 행동하고 생각하며 느끼고 경험하는 습관이 자리 잡으면, 걱정 노출 훈련 횟수를 줄여나간다.

걱정에 순위를 매겨보자

걱정의 주제 목록을 살펴보고 걱정과 관련된 생각들을 샘플로 선정하자. 목록을 제대로 완성하기 위해 몇 가지 사항을 더 추가하고 싶다는 생각이 들 수도 있다. 그러면 가치 지도에서 확인한, 행동에 방해가 되는 장애물을 살펴보고 이를 걱정 목록에 포함한다. 각 주제 옆에는 불안의 정도를 0~100 사이의 수치로 기록하자. 불안수치가 100에 가까운 주제는 좀 더 세분화시킨다.

당신이 걱정하는 주제 중에 재정상태가 있다면 현재의 생계비용, 부채, 노후보장을 위한 저축 등을 포함시킨다. 이것은 다시 두 개의 작은 주제로 나눌 수 있다. 좀 더 많은 불안을 야기하는 것(생계비용과 부채)과 상대적으로 불안을 더 야기하는 것(노후보장을 위한 저축)이다. 노출 훈련을 시작할 때에는 불안 수위가 낮은 주제부터 시작한다. 램프 치유법을 이용한 훈련에 익숙해지면 좀 더 도전적인 주제로 옮겨가보자.

나만의 드라마를 만들자

하나의 주제를 선정해 생각을 떠올려보자. '만약 …라면 어쩌지'라는 생각부터 시작해도 좋다. 이 주제를 중심으로 최악의 시나리오를 상상해보자. 그리고 이 최악의 결과에 완전히 몰두한다. 평상시에 걱정을 많이 하는 사람들은 이 훈련을 시작했을 때 별 어려움이 없이 걱정이나 생각을 떠올린다.

걱정의 주제가 직장을 잃을지도 모른다는 가능성에 관한 것이라면 우선 해고와 연결될 수 있는 구체적인 상황에 중점을 둔다. '심각한 실수를 저질러 해고당하면 어쩌지?'라는 생각이 떠올랐다고 해보자. 그 다음은 해고 소식을 어떻게 접하게 될지 상상해본다. '상사가 직접 말하려나? 그럼 기분이 어떨까?' 그 다음에는 실직을 당하고 나면 어떤 상황에 처하게 될지를 생각해본다. '실직당하고 오랫동안 다른 직업을 구하지 못하면 어떡하지?' 이 경우 재정상태에는 어떤 변화가 생길 것인지 상상해보고, 이 외에 어떤 결과가 발생할 수 있을지도 떠올려본다.

두려움을 만끽하라

걱정의 주제와 관련하여 최악의 시나리오를 생각할 때 느껴지는 불안의 정도를 살펴보자. 불안이 가장 최고조에 달했을 때 떠오르는 이미지는 무엇인가? 아마도 상사가 "넌 해고야!"

라고 말하는 장면이나 월세를 지불하지 못해 집에서 쫓겨나는 상황 등이 떠오를 것이다. 극도의 불안감을 야기하는 생각이나 이미지를 발견하면, 이들을 계속 머릿속으로 상상하며 불안을 최대치로 끌어올려라.

걱정 노출을 훈련하는 30분 동안 이러한 이미지나 생각을 계속 떠올린다. 더 이상 불안을 느끼지 않거나 불안이 가라앉으면 목록에서 다른 주제를 골라 훈련을 반복한다.

걱정 녹음 파일 만들기

불안을 활성화시키는 데 어려움을 겪거나, 걱정거리를 떠올리는 동시에 램프 치유법을 적용하는 것이 힘들다면 걱정 녹음 파일을 만들어보자. 스마트폰의 녹음 기능을 이용하여 걱정거리를 큰 소리로 말하고 이와 관련된 이미지나 시나리오를 묘사한다. 이렇게 하면 걱정거리에 대한 불안과 초조함까지 담긴 목소리가 녹음된다. 여러 가지 걱정거리를 선정하여 각 주제별로 따로따로 파일을 만든다. 길이는 대략 15분 정도가 좋다. 걱정 노출을 훈련할 때마다 녹음 파일 하나를 두 번 듣든지, 아니면 두 개의 다른 녹음 파일을 듣는다. 녹음 파일에서 흘러나오는 목소리에 집중하면서, 그 순간 떠오르는 생각·감정·감각을 인식한다. 이 훈련을 하면 관찰자적 관점을 유지할 수 있고,

머릿속으로 생각하는 것보다 훨씬 더 쉽게 생각과 자아를 분리할 수 있다.

램프 치유법을 활용한 노출 훈련

걱정 노출을 훈련하다 보면 자신도 모르게 불안과 걱정에 빠져들 수 있다. 이럴 때면 램프 치유법을 활용해보자. 우선 당신의 생각과 감정에 '걱정'이라는 이름표를 붙인다. 이 단계의 목적은 일상생활에서 걱정이 떠오를 때 이를 인식하고 확인할 수 있도록 돕는 것이다. 노출 훈련에서 이름표 붙이기는 준비단계다. 훈련을 시작하기 위해서는 걱정을 생각해야 하기 때문이다. 이름표 붙이기(걱정 인식) 훈련은 실제 걱정을 하고 있을 때 진행해야 도움이 된다.

- **통제욕구 버리기** 의도적으로 걱정거리를 만들어내도 통제하고자 하는 생각을 버리기는 어렵다. 아마 불안감이나 그에 동반되는 신체적 감각을 통제하고 싶어질 것이다. 이럴 때는 램프 치유법 2단계 '통제욕구 버리기' 기술을 이용해 통제욕구를 버리고, 밀려드는 불안감에 자신을 맡겨보자. 이 단계의 목적은 이완된 상태에 도달하거나 불안을 놓아주는 것이 아니라 감정과 싸움을 벌이려는 욕구를 놓아주려는 데 있다. 즉, 삽을 버리고 밧줄을 놓아야 하는 것이다. 깊게 호흡을 들이마시고 근

육을 이완시키며 '버리자'를 반복해서 생각하면 불안에서 벗어날 수 있다. 당신이 느끼는 감정을 경험하고 놓아주자.

• **생각과 감정 받아들이기** 걱정거리를 탈융합 방식으로 경험하는 것을 뜻한다. 걱정과 관련된 생각이 발생하기 시작하면 자신은 배경, 생각은 내용물이라는 사실을 떠올리면서 자신과 생각을 구분 짓는다. 당신은 걱정보다 훨씬 큰 존재이고 걱정은 경험의 일부분에 지나지 않는다는 사실을 떠올려보자. 또한 당신은 그림이지 개미가 아니라는 사실을 인식하고 생각을 관찰한다. 생각과 논쟁을 벌이거나 이에 개입하지 말고, 흐르는 강물처럼 또는 컨베이어 벨트처럼 생각이 그냥 지나가도록 내버려 둔다.

• **현재 순간에 충실하기** 걱정거리들에 집중하며 이를 관찰하는 동시에, 다른 생각 · 감정 · 신체적인 감각을 살펴보고 마음속에 이들을 위한 공간을 마련한다. 우선 지금 이 순간 자신의 내면상태를 꼼꼼하게 살펴보자. 자신이 잘 하고 있는지 판단이 서거나 이 훈련을 그만두고 싶다는 충동이 일어나는지 않는가? 특히 자신을 확신시키려는 마음이 들거나 감정을 자꾸 피하려는 생각이 들면 더욱 집중하며 관찰해야 한다. 계속해서 자신의 감정이나 생각을 관찰하면서 동시에 현재 자신이 위치해있는 장소에 대해서도 생각해본다. 소리 · 시야 · 냄새 · 다른

감각들도 느껴보고, 신체를 재빨리 살펴보거나 호흡을 관찰해도 좋다. 이 단계는 걱정이나 불안으로부터 벗어나기 위한 것이 아니다. 그보다는 걱정과 불안을 인식하는 동시에 그 외 다른 경험들 또한 받아들일 수 있도록 마음의 여유를 마련하는 것이 목적이다.

- **올바른 방향으로 나아가기** 걱정 노출을 위해 수용하기와 현재 순간에 충실하기를 연습할 때에는 반드시 30분 동안 이 훈련에 전념해야 한다. 만약 노출 훈련을 중단하고 싶은 충동이 생겼을 때는 어떻게 해야 할까? 이럴 때는 아직 훈련 중이란 사실을 상기하고 다시 노출 훈련을 시작해야 한다. 매일 노출 훈련을 시작할 시간이 되면 마음속에서 일어나는 내적 장애물들에 주의하며, 이 단계에서 배웠던 '전념하기'란 곧 행동을 의미하는 것임을 기억한다. 이 훈련을 통해 내적 장애물을 수용함으로써 이들의 방해를 받지 않고 행동할 수 있는 의지를 키울 수 있다.

훈련을 반복하다 보면 램프 치유법의 각 단계들을 더욱 유동적으로 적용할 수 있게 된다. 각 단계들 사이를 오가는 경우도 생기고, 이 단계들이 서로 겹치거나 하나로 합쳐지기도 할 것이다. 이는 자연스러운 현상으로 자신만의 기술로 발전시켜 나가고 있다는 증거다.

걱정이나 불안이 나타났을 때는 각 단계들의 순서에 너무 집착하지 말고 자연스럽게 사용하도록 한다. 이론적인 순서보다 더 중요한 것은 실제 경험이기 때문이다.

가치 있는 행동 실천하기

노출 프로그램의 2단계는 가치 있는 행동들을 실천하는 것이다. 핵심 가치와 함께 계획한 장기적 · 단기적 목표들을 달성하기 위해서는 반드시 행동이 필요하다. 가치를 실현하기 위한 행동을 하면 내적 장애물이나 전혀 예상하지 못했던 문제에 부딪히게 된다. 이 모든 것을 훈련의 한 과정으로 생각하자. 장애물에 자꾸 노출되는 훈련을 통해 생각하고 느끼고 경험하려는 의지뿐만 아니라 행동하려는 의지까지 계발할 수 있기 때문이다. 램프 치유법을 연습하며 행동으로 실천하다 보면 장애물들을 버스에 탄 승객으로 변환시키고 이들과 함께 가치 있는 방향으로 나아갈 수 있다.

자신의 가치 지도를 확인하자

가치 지도와 핵심 가치들을 주의 깊게 살펴보자. 앞서 작성한 행동 목록을 확인해보고, 이러한 행동들을 위해 당신이 계획한 시간과 장소도 살펴본다. 이미 지나간 행동을 위해 따로 빼놓은 시간은 없는가? 계획들은 잘 진행시키고 있는가? 만약 그렇지 않다면, 어떤 장애물에 부딪혔기 때문인지 이유를 생각한다. 필요하다면 예전에 세워놓았던 시간 계획을 다시 조정하여, 지금 당장 실천할 수 있는 행동을 몇 개 고른다. 그런 다음 2주에 걸쳐 실천에 옮길 행동들을 미리 계획표로 짜본다. 달력을 이용해도 좋다. 만약 해야 할 행동들이 너무 많다면 이를 좀 더 세분화시켜 일부는 나중을 위해 남겨놓는다. 수용전념치료의 과정 가운데 전념단계에 접어들었다는 사실을 인식하자. 처음에는 실현 가능한 행동들부터 천천히 진행하는 것이 좋다.

지금 시작하자

행동으로 옮기기에 가장 좋은 시기는 바로 지금이다. 걱정 노출을 통해 램프 치유법을 모두 익혀야만 행동을 취할 수 있다고 생각하지 말자. 노출 훈련은 동시에 시작할 수 있으며 서로를 보완해준다. 예를 들어 행동을 실천하고 있는데 장애물로 보이는 걱정에 부딪히게 되었다고 해보자. 그러면 이 걱정을 인식하고 걱정 노출을 통해 해결할 수 있다. 또한 걱정 노출은 램프 치유법을 적용하기 위한 준비 단계 역할을 하기도 한다.

자신만의 방법을 사용하자

행동을 해나갈 때는 걱정이나 다른 잠재적인 장애물들을 조심한다. 이들이 나타나면 램프 치유법을 적용하면서 동시에 그동안 해왔던 행동을 계속해서 추진한다. 불안이 느껴질 때면 생각이나 감정에 불안이라는 이름표를 붙이고, 이들을 제거하거나 통제하려는 충동을 놓아주며, 이들을 탈융합된 방식으로 관찰함으로써 수용하고, 현재 순간에 집중한다. 이렇게 하면 올바른 방향으로 나아가기 위한 행동을 지속할 수 있다.

실패 또한 하나의 과정이다

훈련을 할 때는 결과가 아닌 과정에 전념하고 있다는 사실을 명심해야 한다. 계획한 행동을 제대로 이행하지 못했다면 이를 다시 조정하는 데 최선을 다하자. 그러나 모든 계획들을 잘 실천했음에도 불구하고 의도했던 결과가 나오지 않는 경우도 있으며, 때로는 잘못된 방향으로 움직이고 있는 자신을 발견할 때도 있다. 그렇다고 해서 좌절할 필요는 없다. 인생이란 길을 걷다 보면 때로는 우회도로나 오르막길, 내리막길을 만나기도 하는 법이다. 만약 목표가 혼란스럽거나 실망스러울 때에는 내가 추구하는 가치를 다시 한번 살펴보자. 가치 실현을 위해 선택한 목표들은 내가 중요하게 생각하는 가치를 반영해야 한다. 새로운 정보를 수용하거나 전념하고자 하는 목표를 새로 바꾸려면 행동 계획을 조정하고 자신만의 방법을 이용하여 올바른 방향으로 나아가자.

가치 있는 행동을 하며 앞으로 나아갈 때에는 이제까지 배운 방법을 활용해 내적 · 외적 자발성을 발달시키며, 목표를 향한 계획을 세우고 계획표를 짠다. 이러한 과정에서 장애물과 부딪힐 수도 있는데, 이때 나타나는 장애물들은 내부적이기보다는 외부적인 요인에 해당된다.

11장

어제보다 나은 나를 만나러 가는 길

불안과 걱정에 시달리는 사람들은 언뜻 완벽주의자처럼 보이기도 한다. 그러나 속을 들여다보면 최악의 시나리오를 상상하며 안절부절못하느라 정신이 없다. 이렇게 되면 효율과는 아예 담을 쌓게 되기 일쑤다. 이번 장에서는 어려운 상황에 처하더라도 걱정과 불안에 사로잡히지 않고 효율적으로 일을 처리하기 위한 기술을 배워본다. 실생활에서 이러한 기술들을 활용할 수 있게 되면 한껏 자신감 있고 당당해진 자신을 발견할 수 있을 것이다.

하루 10분이면 충분하다

여러분은 걱정과 불안으로부터 벗어나기 위한 램프 치유법과 노출 훈련을 배웠다. 걱정을 불러일으키는 생각과 불안, 그리고 걱정으로 인해 유발되는 행동의 상호작용을 이해하였을 것이다. 인생의 중요한 순간마다 당신의 발목을 잡았던 장애물인 걱정(생각)과 불안(감정)을 있는 그대로 받아들이고 경험하는 방법도 알게 되었다. 또한 자신이 인생에서 가장 소중하게 여기는 '가치'가 무엇인지 확인하고, 이를 실현하기 위해 필요한 행동은 어떤 것들이 있는지 알아보았다.

그러나 실생활에서 계획을 세우고 실행하는 데는 어려움을 겪고 있을지 모른다. 걱정을 심하게 하는 사람들은, 머릿속을 가득 채운 염려와 불안감 때문에 항상 위축되고 해결책을 찾지 못해 방황하는 경우가 많다. 걱정이 많은 사람들이 어째서 문제 해결이나 계획 세우기와 걱정을 혼동하는지에 관해 알아보았던 것을 기억하는가? 심지어는 해결책을 찾고 이를 실행할 계획까지 세워놓고서는, 시간 관리에 능숙하지 않아 어려움을 겪는 사람들도 있다. 또한 단호하게 자기주장을 하지 못해 일을 수행하는 데 필요한 도움을 요청하지 못하거나 반대로 너무 남에게 의지하는 문제가 발생하기도 한다.

인생을 살아가다 보면 여러 가지 요구에 부딪힌다. 걱정이 많은 사람들은 이런 문제(계획을 실천하고, 시간을 관리하고, 문제를 해결하며, 자기주장을 펼치는)로 인해 혼란을 겪으며 당황해한다. 그러다 이러한 요구들에 효과적으로 대처하지 못하면, 또다시 걱정에 빠져든다.

실생활에서 자주 마주치는 문제, 즉 계획하기, 시간 관리하기, 문제 해결하기, 주장하기 등과 관련한 기본전략을 배워보자. 이런 전략들을 일상에서 사용할 수 있게 되면 더 이상 걱정에 주눅 들지 않고, 한층 당당해진 자신을 발견하게 될 것이다.

계획의 중요성

앞으로 일어날 사건에 대해 걱정하느라 많은 시간을 보내고 있을 때는 미리 계획을 세우는 것이 도움이 된다. 그러나 혹시 일어날지도 모르는 결과에 대해 끊임없이 생각하거나 뭔가가 잘못될지도 모른다고 걱정하면서 시간을 보내는 것은 계획과는 분명히 다르다. 지금 하고 있는 것이 걱정하기인지 아니면 계획하기인지 구분이 가지 않을 수도 있다. 자신이 취해야 할 행동이나 걱정되는 결과를 방지하기 위한 예방책 목록을 작성하는 일은 계획 세우기다. 반면 자꾸 확인하고, 지연시키거나, 일을 기피하는 등의 행동이 나타나거나 불안이 증가된다면 이것은 계획이 아닌 걱정을 하고 있다는 증거다.

걱정과 계획의 공통적인 특징은 바로 앞으로 일어날 사건에 대해 생각하고 상상하는 데서부터 시작된다는 점이다. 앞날에 대한 상상이 걱정으로 발전되면, 자신이 취할 수 있는 행동들보다는 통제할 수 없는 요인들(혹시 일어날 지도 모르는)에 더 집중하게 된다.

합리적인 실천목록을 작성하라

앞날을 상상하는 것은 행동을 준비하는 데 도움이 된다. 걱정이 아닌 계획을 세우는 방법 중 하나는 실천목록을 작성하는 것이다. 자신이 실천하려는 행동을 상상하고 적어보면서 행동의 순서를 정하고 발생할 수 있는 문제들을 예상할 수 있다. 문제가 될 수 있는 사항이 발견되면, 부정적인 결과를 최소화하기 위해 예방책을 모색한다. 그리고 이 예방책을 실천목록에 첨가한다.

실천목록을 가지고 있으면 계획의 범위와 걱정이 시작되는 시점을 알 수 있다. 또한 목록에 적은 행동들을 잘 따르는 만큼 합리적인 행동을 취할 수 있게 된다. 목록에 있는 행동을 모두 실행하면서도 여전히 상황이나 사건에 대한 생각이 들면 계획하기를 넘어 걱정에 돌입한 것이다. 예를 들어 이사를 계획하고 있다고 해보자. 실천목록에는 포장하기, 이삿짐센터 고용하기, 새집 열쇠 준비하기 등이 포함될 것이다. 이렇게 목록을 만들고 나서도 이사에 대한 생각이 멈춰지지 않는다면 스스로에게 다음과 같은 질문을 해보자.

"과연 이 생각이 실천목록에 들어갈 수 있는 내용일까?"

만약 대답이 '예'라면 실천목록에 추가한다. 반대로 '아니오'라면 그 생각은 걱정에 해당된다. 이사 첫날부터 전화와 전기를 사용할 것인지에 관해 고민하고 있다면 이를 실천목록에 집어넣고 다음과 같이 적을 것이다. '전화회사와 전기회사에 연락을 한다.' 이미 실천목록에 포함시켰는데도 '전화와 전기를 놓는데 문제가 생기면 어쩌지?'라는 생각이 자꾸 든다고 해보자. 이 생각을 실천목록을 작성할 수 있겠는가? 설치 신청을 하는 것 외에 할 수 있는 다른 행동이 과연 있을까? 아마도 없을 것이다. 그렇다면 이 문제는 더 생각할 것도 없이 (계획이 아닌) 걱정이다.

작은 일부터 계획하라

크고 복잡한 문제에 부딪히게 되면 압도당하거나 낙담하기 쉽다. 이럴 때는 처리하기 쉽도록 큰 문제를 작게 조각내 계획을 세우는 것이 좋다. 새로운 직장을 찾아야 한다고 가정해보자. 구직에 대한 생각만으로도 겁이 나서 '직장을 못 찾으면 어쩌지?', '내가 자격미달인 것은 아닐까?', '추천란은 또 어쩐담?'이라고 걱정하게 된다. 이처럼 큰 목표에 초점을 맞추다 보면 걱정과 불안, 그리고 지연시키기 등의 현실도피행동이 생길 수 있다. 이럴 때는 "새 직장을 찾기 위해서는 우선 무엇부터 해야 하며, 그 다음에는 어떤 단계를 거쳐야 할까?"라고 자문해보자. 이것이 바로 계획 세우기다. 이 질문에 대답함으로써 단기적이고 처리하기 쉬운 실천목록을 만들 수 있다.

첫째, 이력서를 수정한다.

둘째, 직장목록을 살펴본다.

셋째, 자기소개서 초안을 작성한다.

넷째, 이력서를 제출한다.

컴퓨터 앞에 앉아 "새 직장을 찾아야 할 텐데."라고 중얼거리고 있다면, 어디서 무엇부터 시작해야 할지 갈피를 잡지 못하고 있는 것이다. 반대로 "지금 당장 이력서부터 고쳐야겠어."라고 말하며 컴퓨터 앞에 앉았다면, 적어도 어떻게 시작해야 할지 정도는 파악하고 있는 셈이다.

구직에 관한 것뿐만이 아니라, 어떤 일이든지 단기적이고 세부적인 단계로 나누어 계획할 수 있다. 집 청소를 해야 한다면 일단 방 하나를 골라 청소한다. 세금을 내야 할 때라면 증거서류와 영수증을 한데 모은 후 이를 분류하면 된다. 생각해보라. 세탁도 한 번에 한 바구니씩, 페인트칠도 한 번에 한쪽 면을, 책을 쓸 때도 한 번에 한 단원씩 해나간다.

이렇게 작은 일부터 해나가다 보면 '이것보다 더 많이 할 수 있어야 하는데!' 또는 '이렇게 찔끔찔끔 하느니 한꺼번에 다 해버리는 게 낫지 않아?'와 같은 생각들이 떠오를 수 있다. 이럴 때는 그와 같은 생각들이 행동으로 옮기는 데 과연 도움이 될지 또는 계획을 실천하는 데 오히려 방해가 될지 생각해보자.

각 단계별로 기간을 정하라

'이렇게 하면 어떨까, 저렇게 해봐야겠다'고 생각만 하고 있지는 않은가? 이처럼 머릿속에 들어있는 행동을 사고의 영역에서 현실의 영역으로 끄집어내기 위해서는, 이를 시간과 공간에 구체적으로 적용할 필요가 있다. 단기적이고 작은 목표로 임무를 세분화하였다면, 그 다음에는 시간을 정해놓고 각 단계를 수행하는 것이 중요하다.

• **다이어리를 이용하자.** 이 방법은 할 일이 많은 사람들에게 매우 유용하다. 다이어리를 이용해본 적이 없다면 우선 간단하게 시작해 보는 것도 좋다. 복잡한 구성의 크고 두꺼운 다이어리

를 사용하면 오히려 시간과 행동을 연계시키기 위한 본연의 기능이 무색해질 수 있다. 다이어리는 휴대하기 좋고, 메모가 가능한 정도의 크기인 것이 적당하다. 한 주가 한 눈에 다 보이는 것이 편리하며, 여러 개를 사용하는 것보다는 하나만 중점적으로 쓰는 것이 좋다. 다이어리를 전혀 사용하지 않던 사람이 '다이어리가 하나 있으면 좋다던데, 두 개면 더 좋지 않을까!'라는 생각에서 갑자기 두 개를 사용하는 경우도 있다. 또 종이 다이어리와 컴퓨터 다이어리를 모두 사용하는 사람들도 있는데, 여러 개의 다이어리를 쓰다 보면 계획이 서로 중복될 수 있어 좋지 않다. 다이어리는 정보를 모아서 정리하고, 행동 수행에 필요한 기간을 분배하기 위한 것임을 잊지 않도록 하자.

• **세부행동을 위한 시간을 정하자.** 언제 무엇을 할지, 현실적인 일정을 정하도록 하자. 계획을 세울 때 가장 저지르기 쉬운 실수는 짧은 기간 안에 많은 일을 해내려는 것이다. 휴식시간까지 고려하여 계획하고, 행여라도 일이 빨리 끝나서 시간이 남게 되지는 않을까 하는 걱정은 접어두자. 빡빡한 일정을 세워 계속 계획을 못 따라가고 있다고 느끼기보다는 좀 더 여유 있게 시간을 배정해 일을 정확하게 처리하는 편이 낫다. 합리적이며 실현 가능한 목표를 세워야 성취감을 맛볼 수 있다. 성취감은 장거리 완주를 위해 반드시 필요하다. 한편 너무 많은 일

을 계획하면 실패했다는 느낌을 받고 부정적인 경험이 될 수 있다.

• **일정이 변경되는 것을 두려워 말자.** 계획을 세울 때는 항상 연필을 사용한다. 인생은 복잡하며, 항상 계획한 대로만 진행되지는 않는다. 예상치 못한 사건으로 인해 계획을 따르지 못한다고 해서 계획해놓았던 일정들을 모두 포기해버려서는 안 된다. 이럴 때는 계획을 수정하자. 일이 생기거나 계획했던 시간 안에 임무를 마칠 수 없을 경우에는 그 일을 다른 시간대로 재배정하여 다이어리에 적어놓도록 하자.

• **계획을 너무 세부적으로 세우지 말자.** 계획을 세울 때 많은 시간을 투자하면 일을 효율적으로 끝마치는 데 도움이 될지는 모르나, 실제로 일을 수행하는 과정에서는 오히려 방해가 된다. 저지르기 쉬운 실수 중 하나는 해야 할 일을 너무 자세하게 적는 것이다. 이렇게 할 일을 모두 적어두면 시작하기도 전에 부담을 느낄 수 있다. 가능하면 해야 할 일을 모두 목록으로 만들거나, 다이어리에 일일이 일정을 기입하는 것은 피하도록 하자. 만약 지금이 1월이고, 4월에 해야 할 일을 구상 중이라고 한다면 4월 첫째 주 달력의 여백에 메모하는 것이 좋다. 세부 계획은 4월이 다 되어갈 때쯤 세우고 일정을 짜면 된다. 그럼에도 불구하고 해야 할 일의 목록을 작성하고 싶다면, 잊으면 안되

는 항목들로 제한하고 목록은 반드시 하나만 만들도록 하자. 단시일 내에 끝내야 하는 작은 일들이 많은 경우에는 오늘 해야 하는 일의 목록부터 작성하는 것이 좋다.

걱정이 많은 사람의 시간 관리법

계획하기가 목표를 위한 큰 그림을 그리고 이를 실행하기 위해 작은 단계들로 나누는 과정이라면, 시간 관리는 현장에서 이 행동들을 어떻게 진행해갈 것인가와 관련이 있다.아무리 훌륭한 계획을 세운들 시간 관리를 제대로 하지 못하면 소용이 없다. 걱정이 많은 사람들은 매일 해야 하는 업무나 약속, 기한 등에 대해 많은 압박감을 느끼기 쉬운데, 걱정은 이러한 스트레스 요인들을 강화시키고 일을 해결하는 데 방해가 된다.

매일매일 일정을 확인하자

다이어리를 사용하는 이유 중 하나는 기억력에만 의존하다 보면 중요한 일들을 잊어버릴 수 있기 때문이다. 적어도 하루에 한 번은 다이어리에 기입해놓은 일정을 확인하자. 하루를 시작하고 마감할 때 이를 점검하는 것은 좋은 습관이다. 하루를 끝내면서 다이어리를 확인하면, 잠자리에 들기 전에 내일 해야 할 일들을 떠올릴 수 있다. 이렇게 하면 내일을 위해 필요한 것들을 준비할 수 있고(시계의 알람을 맞추는 등), 예상외의 일이 발생하더라도 당황하지 않을 수 있다. 또한 아침에 일어나 일정을 한 번 훑어보면 기억이 되살아나고, 그날의 업무를 수행하는 데도 도움이 된다.

현재 순간에 집중하자

해야 할 일이 쌓이다 보면 종종 앞으로 해야 할 일에 대한 걱정 때문에 일이 손에 잡히지 않는다. 심지어는 먼 미래에 대해 걱정하느라 주의가 산만해진다. 업무를 수행하면서 다음 업무를 걱정하는 것은 한 번에 두 가지 일을 하는 것과 같다. 손으로 일하면서, 머리로는 다른 일을 하고 있는 것이다. 이는 에너지를 고갈시킬 뿐 아니라, 지금 하고 있는 일들을 지연시키고 엉망으로 만들 수 있다.

일단 지금 당장 끝내야 할 일들을 계획했다면, 거기에 모든 정신을 쏟아야 한다. 생각이 과거나 미래를 향해 흘러가지 않도록 주의하고, 현재 순간에 집중하자. 계획한 일을 모두 끝마치지 못할까봐 걱정이 되거나 또는 일정을 재조정하고 문제를 해결하는 상황이라면, 이런 일들은 한 가지 일을 모두 마친 후에 하자. 여러 단계의 세부계획들 중 하나의 단계가 끝난 후 다음 단계로 넘어가기 전, 그 사이에 하는 것이 하는 것이 좋다. 이런 일들을 처리하느라 시간을 더 소비하는 것보다 계획을 세울 때는 계획을 세우고 일을 할 때는 일에만 전념하는 것이 더 효율적이다.

하루를 여러 부분으로 나눠보자

하루를 두세 개의 부분으로 나눠 하루 계획을 시행하는 것도 좋은 방법이다. 점심을 기점으로 점심 전후나, 아침 · 점심 · 저녁으로 나누자. 그리고 시간대별로 각각의 목표를 잡는다. 직장인이라면 점심시간 이전에 마칠 일과 점심시간 후에 할 일을 나눠볼 수 있을 것이다. 다만 목표를 잡을 때는 실현 가능한 것이어야 함을 명심한다.

• **휴식시간과 짧게 쉬는 시간을 갖자.** 휴식시간을 통해 스스로에게 보상을 해주는 것은 중요하다. 점심을 먹으러 가거나 산책을 하는 등 휴식시간을 가지면 저절로 하루가 휴식시간 전후로 구분지어지며, 완수한 일에 대해 성취감을 맛볼 시간도 가질

수 있어 좋다. 틈틈이 짧은 쉬는 시간을 갖는 것도 생산성을 높이는 데 도움이 된다. 기지개를 켜거나 잠깐 걷거나 짧게 통화를 하는 등 쉬는 시간을 통해 업무에 필요한 에너지를 새로이 충전할 수 있다.

• **휴식을 마치고 업무로 돌아오자.** 휴식이 너무 잦거나 시간이 길어지면 오히려 효율이 떨어진다. 다음 휴식시간 전에 마쳐야 할 작은 목표들을 설정해두고, 휴식을 취하러 가기에 앞서 업무로 복귀할 시간을 구체적으로 정해놓자.

업무의 맥이 끊어지지 않게 하는 방법

휴식을 취하면 자칫 일의 흐름이 깨질 수 있다. 이를 방지하기 위해서는 휴식 전에 미리 다음 행동을 위한 연결고리를 만들어놓는 것이 좋다. 어떤 일의 한 부분을 마친 직후에는 바로 일을 중단하고 휴식을 취할 것이 아니라, 일단 다음 단계를 위한 준비를 해놓는다. 업무에 복귀했을 때 어디서부터 시작해야 할지 정확히 알 수 있어 효율적으로 일에 몰두할 수 있다. 예를 들어 보고서를 쓰는 경우, 한 부분을 마쳤다면 휴식에 앞서 다음 부분의 맨 처음 문장을 미리 써두는 것이다.

가끔은 일을 시작하는 것이 제일 어렵게 느껴지기도 한다. 잠시 숨을 돌리기에 앞서 다음 할 일과의 연결고리를 만들어

두면, 휴식에서 돌아왔을 때 무엇을 어디서부터 시작해야 할지 고민하는 시간을 줄일 수 있다. 하루 일정뿐 아니라, 더 크고 복잡한 일의 경우에도 오늘 일과 내일 할 일을 연결하거나 이번 주 일을 다음 주에 할일과 연결해두면 편리하다.

좋아하는 일로 보상해라

생산성을 높이는 또 다른 방법은 보상을 주는 것이다. 하기 편한 일을 할 기회가 있는데도 하기 싫은 일 먼저 수행하는 것에 대해 보상하는 전략이다. 처음으로 이를 보고한 행동연구가의 이름을 따서 '프리맥 원리Premack principle'라고 알려져 있으며 '할머니 법칙'으로도 불린다. '먼저 쓰레기를 버리면, 비디오 게임을 해도 된다.'거나 '먼저 야채를 먹으면, 달달한 후식을 먹어도 좋다.' 등이 프리맥 원리를 적용한 예시다. 운동처럼 매우 가치가 있으나 하기 싫은 일과 텔레비전 시청처럼 별 의미는 없으나 하기 쉬운 일을 예로 들어보자. 이 경우 프리맥 원리에 따르면 텔레비전을 시청한 후 운동을 하는 것보다는, 운동을 한 후에 텔리비전 시청을 하는 것이 효과적이다.

이런 이야기는 상식처럼 들릴지도 모른다. 그러나 실제로는 많은 사람들이 업무의 순서에는 신경을 쓰지 않은 채 일을 하고 있다. 예컨대 오늘 저녁에 집에 가면 카드값 납부하기, 친구에게 전화하기, 욕실 청소하기, 텔레비전 보기 등의 네 가지 일을 해야 한다고 가정해보자. 일의 순서를 정하는 것은 성사 여부를 결정하는 중요한 요인이 된다. 만약 다음과 같은 순서로 일을 한다면 어떻게 될 것 같은가?

① 제일 먼저 친구에게 전화를 한다.

② 그리고 텔레비전을 시청한 후

③ 욕실을 청소하고

④ 마지막으로 카드값을 낸다면?

텔레비전을 보는 것처럼 좋아하는 일부터 하다 보면 저녁시간을 온통 텔레비전 시청으로만 보내게 되고, 결국 그 다음 두 가지 행동은 회피하게 되기 쉽다. 그렇다면 ②, ③, ④의 순서를 거꾸로 바꾸는 것은 어떨까? 이 경우에는 보상이 이루어지기까지 시간이 오래 걸린다는 것이 문제다. 카드값을 내는 것이나 욕실을 청소하는 것 두 개 다 내키지 않는 일이기 때문에 시작 자체를 미루게 되기 쉽다. 또한 카드값을 낸 후 욕실 청소를 하기 전에 휴식을 원하게 될 수도 있다. 이럴 때는 프리맥 원리를 적용하여 보자. 보상을 번갈아가면서 사용하면, 이런 순서가 나온다.

① 먼저 카드값부터 낸다.

② 그리고 친구와 통화한 후

③ 욕실을 청소하고

④ 마지막으로 텔레비전을 시청하는 것이다.

이렇게 하면 카드값을 납부한 직후 친구와 통화를 함으로써 내키지 않은 일을 해낸 데 대해 스스로 보상해주는 셈이 된다. 그리고 욕실 청소를 끝낸 다음, 텔레비전 시청을 한다.

우선순위를 정해보자

앞서 실천목록을 작성했지만, 여기에 적은 모든 행동의 가치가 동등한 것은 아니다. 또한 다른 일보다 더 급하게 해야 할 일도 있을 수 있다. 하루하루 계획한 일들을 검토할 때는, 가치와 긴급성이라는 두 가지 요인에 따라 우선순위를 매겨보는 것이 좋다.

• **급한 일부터 하자.** 취해야 할 행동이나 해야 할 업무의 우선순위를 매길 때는 긴급성에 더 초점을 맞추는 것이 좋다. 이를 위해서는 다음과 같은 항목에 따라 점수를 매길 수 있다.

① 우선순위 A : 극도로 긴급한 일, 반드시 오늘 마쳐야만 하는 일

② 우선순위 B : 곧 마쳐야 하는 일, 하지만 반드시 오늘 다하지는 않아도 되는 일

③ 우선순위 C : 결국 마쳐야 할 일

• **우선순위 C에 주의하자.** 우선순위 C에 해당되는 일들은 비록 촌각을 다투는 일은 아닐지 모른다. 그러나 인생이란 관점에서 보았을 때는 매우 가치 있는 일일 수도 있다. 예를 들어 사랑하는 사람과 시간을 보내는 것이나 자연 체험, 휴식, 새로운 것을 배우는 등의 일은 당장 급하진 않더라도 매우 가치 있는 일이다. 우선순위에서 계속 뒤로 밀리는 일에 주의를 기울이고, 시간 계획을 세우도록 하자. 일정을 잡을 때 미루는 일을 위해 하루 또는 반나절 정도를 할애하는 것도 방법이다.

아무것도 마치지 못했다면 어떻게 해야 할까?

일을 계획대로 마치지 못했을 때는 대신 어떤 일이 생겼는지를 파악하자. 오전 내내 제대로 한 일이 없다는 생각이 들더라도, 잘 살려보면 분명 무언가 하긴 했을 것이다. 그 일은 무엇이었는가? 계획에 충실하지 못했다면, 우선 자신이 한 일이나 행동을 꼼꼼히 살펴봄으로써 무엇인 문제인지 알고, 다시는 이런 문제가 발생하지 않도록 해야 한다.

하루나 이틀 동안 당신이 한 모든 일들을 기록해보자. 그리고 어디서부터 삼천포로 빠졌는지 알아보기 위하여 일정표를 분석하자. 만약 업무시간에 이메일을 확인한 행동이 계획을 수행하는 데 방해가 되었다면, 이메일을 확인하는 횟수를 줄이거나 평상시 회피하는 일을 먼저 끝마친 다음에 이메일을 확인하도록 한다. 계획한 일보다 더 급한 일이 있어 그것을 먼저 해야하는 경우라도, 회피하기 쉬운 일을 먼저 한다는 원칙을 지키면 급한 일에 쓸 시간을 분배할 수 있을 것이다.

하염없이 시간을 보내고 있지 않은가?

우리 주변에는 수동적인 행동을 하면서 하염없이 시간을 보낼 기회가 널려있다. 이는 활동적이고 생산적인 일을 하거나 성취감을 주는 선택을 하는 데 방해가 된다. 이제는 보통 가정이라도 텔레비전을 몇 대씩 가지고 있는 경우가 많으며, 50개 이상의 채널이 나오는 경우도 흔하다. 언제 어디서든 음악을 들을 수 있고, 게임을 하고, 정보를 얻을 수 있는 스마트폰을 가지고 있지 않은 사람을 찾기 힘들다. 우리를 자극하는 재미있는 콘텐츠가 널려 있다. 하지만 문제는 자극적인 콘텐츠가 제공하는 선택사항이 무제한이라는 것이다.

실제적인 경험을 하는 대신, 채널을 돌리고 스마트폰을 만지는 데 깨어 있는 시간 전부를 소모할 수도 있다. 그런 일에 시간을 할애할 때는 인생이라는 관점에서 보았을 때 이런 일들이 얼마나 가치 있는 것인지 따져보자. 매스미디어가 제공해주는 여러 즐거움들에 얼마나 시간을 소비할지 결정할 때는 신중을 기하자. 텔레비전, 음악, 게임, 스마트폰 등을 하는 시간이 일상생활의 어느 정도를 차지하는지 정확히 알지 못한다면 이와 관련해 일주일간 기록해보는 것도 좋다. 그리고 당신이 가치 있게 여기는 일에 소비한 시간과 이런 일을 하며 보낸 시간을 비교해본다.

초초한 마음에서 벗어나면 일어나는 일

문제를 해결하는 데 어려움을 겪는 사람들은 다음 두 가지 이유로 난관에 봉착하게 된다. 첫째, 이런 사람들은 너무 막연히 그리고 지나치게 일반적인 방식으로 문제를 바라보는 경향이 있다. 둘째, 문제가 무엇을 의미하는지에만 신경 쓰다 보니 실현 가능한 해결책을 마련하지 못한다. 지금부터 소개할 피자 배달부 마티 역시 이런 경우였다.

마티는 피자 배달부다. 배달 업무를 위해 자신의 차를 사용하지만, 연료비는 고용주가 지불한다. 시급 이외에 손님들로부터 팁도 받기 때문에 생계를 꾸리는 데는 문제가 없으며, 예전부터 원했던 멋진 오토바이를 사기 위해 저축도 하는 중이다. 그런데 최근 들어 그의 자동차가 자꾸 문제를 일으키고 있다. 이번 달에도 벌써 세 번이나 시동이 걸리지 않아 배달 일을 놓치는 건 물론, 견인과 수리비용까지 내야 했다. 자동차 수리공은 그에게 아무래도 새 차를 사야하지 않겠느냐고 한다. 그러나 마티는 새 차를 사게 되면 돈이 부족해서 오토바이를 못 사게 되지 않을까 걱정이다.

'배달을 하기 위해서는 차가 꼭 필요한데… 그렇지만 새 차를 사면 오토바이를 살 수 없게 될 것 아니야? 아니야, 차가 없으면 돈을 벌 수 없으니 오토바이가 다 무슨 소용이람. 오토바이는 고사하고 집세 낼 돈도, 밥 사먹을 돈도 없어질 거라고!'

마티는 배달을 하는 내내 차가 얼마나 더 버틸 수 있을지 걱정스러웠다. 걱정은 꼬리에 꼬리를 물고 밀려왔다.

'이미 오토바이를 사려고 저축했던 돈 일부를 차 수리비로 사용했는데, 만약 일을 못하면 집세를 내기 위해 통장에 있는 나머지 돈도 다 쓰게 되겠지. 이렇게 수리만 하며 버티다 차 고치는 데 돈을 다 써버리고 결국 차도 버려야 하는 상황이 온다면? 그럼 차도 돈도 없이 거리에 나앉게 될 거야!'

마티는 가슴이 조여 오는 것을 느꼈다. 어느새 핸들을 잡은 손에는 힘이 들어갔고, 이마에는 땀이 송골송골 맺혔다. "결국

난 망하게 될 거야! 인생이 끝나는 거라고!" 마티는 탄식하며 말했다.

문제를 있는 그대로 파악하자

문제에 대해 생각할 때 불안이 느껴지면, 그에 관한 감각이 왜곡될 수 있다. 걱정이 시작되면 위협은 실제 상황보다 더 커다랗게 느껴지는데, 이를 '과잉각성'이라고 한다. 이처럼 문제 상황을 막연하게 파악하다가는, 문제 해결은 고사하고 도저히 대응할 엄두가 생기지 않아 결국 절망하게 된다. 마티의 상황도 그렇다. 이럴 때는 다음과 같이 대처해보자.

- **가능하면 명확하게 문제를 기술하자.** 이 문제에서 변수가 되는 요인이 무엇인지 파악하면, 문제의 범위를 깨달을 수 있다. 또한 해결에 대한 희망을 가질 수 있게 되고, 해야 할 일과 할 필요가 없는 일들을 구별하게 될 것이다. 만약 마티가 자신의 문제를 분명하게 파악했다면, 아마 "지금의 차로는 배달 일을 계속할 수 없어. 일을 하려면 성능 좋은 차가 필요해."라고 결론을 내렸을 것이다. 이는 문제를 직업과 차의 필요성에 한정해 생각한 결과다. 마티의 포괄적이고 막연한 생각과 비교해보라. 문제의 변수요인을 파악하면, 지금부터 해야 할 일이 차와 직장에 제한되어 있음이 분명해진다. 전반적인 소득, 지불해야

하는 집세, 저축한 돈을 다 써버리는 것, 길거리에 나앉게 될 가능성 등은 문제에 영향을 끼치는 변수가 되지 못한다.

- **문제를 세분화하자.** 복잡한 문제를 작게 쪼개면 다루기가 훨씬 수월해진다. 마티의 문제는 차, 직업, 오토바이라는 요소로 이루어져 있다. 우선 차와 관련해서는 직장 문제 이외에도 차가 필요한지 생각해봐야 한다. 만약 피자 배달을 할 필요가 없다면, 오토바이를 살 때까지 대중교통을 이용할 수도 있기 때문이다. 다음에는 직장에 관해 고민해본다. 마티가 필요로 하는 돈은 어느 정도고 다른 선택사항은 없는 걸까? 만약 배달과 관련되지 않은 일을 구한다면 차도 필요 없을 것이다. 마지막으로, 오토바이가 이직을 고려할 만큼 중요한 것인지에 관해 생각해본다. 만약 멋진 새 차를 갖게 된다면 기꺼이 오토바이 구입을 미룰 수 있을까? 이렇게 문제들에 하나하나 답해 가다 보면, 보다 쉽게 문제를 해결할 수 있을 것이다.

다양한 해결책을 모색하는 브레인스토밍

문제의 구체적인 변수요인을 이해했다면 이제는 다양한 해결책을 제시해볼 때다. 이를 브레인스토밍brainstorming이라고 부른다. 이 단계에서는 가능한 많은 생각을 떠올린다. 평가하지 말고 그저 떠오르는 대로 놔둬보자. 이 해결책들이 상식 밖의 것이든 혹은 비합리적인 것이든 걱정하지 말자. 해결책이 실행 불가능한 것이면 바로 낙담하고 다른 생각을 짜내려고 하는 사람들이 많다. 그러나 브레인스토밍을 하면 비판적인 평가로 인해 생각에 방해를 받지 않고, 창조적인 생각을 할 수 있게 된다.

마티는 마음을 가라앉히고 브레인스토밍을 해보았다.

- 새 차를 사고, 새 오토바이를 포기한다.
- 싼 중고차를 사고, 새 오토바이를 사기 위해 저축을 계속한다.
- 싼 중고차를 사고, 싼 중고 오토바이를 산다.
- 오토바이를 사고, 오토바이로 배달을 한다.
- 오토바이를 사고, 룸메이트에게 오토바이를 빌려주는 대신 그 친구의 차로 배달을 한다.
- 차가 필요하지 않은 직업을 구한다.
- 저축을 2배로 늘려서 새 차와 새 오토바이를 산다.

한 번에 두 가지 해결책을 비교하라

브레인스토밍을 했다면 가능한 해결책을 평가하고 최선의 것을 선택해보자. 이때 한 번에 두 가지 해결책만 비교함으로써 체계적인 방식으로 접근하는 것이 좋다. 이렇게 하면 선택사항을 열거해놓은 다른 목록들에 정신을 빼앗기지 않을 수 있다.

두 가지 사항만 비교하면서, 각 장단점을 비교한다. 그리고 더 나은 방법을 선택한 후 실현 가능성을 평가하여 현실성이 낮은 것은 버린다. 이런 방식으로 최선의 방법에 도달할 때까지 과정을 반복한다.

① 싼 중고차를 사고, 새 오토바이를 사기 위해 저축을 계속한다.

② 싼 중고차를 사고, 싼 중고 오토바이를 산다.

마티는 그간 꿈꿔오던 눈부신 새 오토바이를 소유하는 것이 자신에게 매우 중요한 일이며, 기다릴 가치가 있음을 깨달았다. 만약 현재의 직장을 유지하기 위해 싼 중고차를 구입하는데 저축액의 일부를 사용한다면, 마티는 새 오토바이를 살 수 있을 때까지 계속 저축을 할 것이다. 결국 마티는 두 번째 항목을 삭제하고, 첫 번째 항목을 선택했다. 새 오토바이를 구입하는 것이 얼마나 중요한지 확실히 하고 싶다면 다음 사항을 비교해본다.

① 싼 중고차를 사고, 새 오토바이를 사기 위해 저축을 계속한다.

② 오토바이를 사고, 룸메이트에게 오토바이를 빌려주는 대신 그 친구의 차로 배달을 한다.

마티의 룸메이트는 멋진 사람이지만, 책임감이 강한 편이라고는 할 수 없었다. 마티는 자신이 일하기 위해 집을 비운 사이 룸메이트가 오토바이를 사용하는 건 별로 내키지 않았다. 기껏 새 오토바이를 사서 친구와 공유해야 한다면, 차라리 새 오토바이 구입을 미룰 것이다. 마티는 2가지 사항 중 두 번째 것을 삭제했다. 그리고 최선의 해결책을 찾을 때까지 한 번에 두 가지 가능성만 비교하는 과정을 반복했다.

당신에게는 문제를 해결할 능력이 있다

가끔 예상외의 문제들이 발생할 수도 있다. 당황해서 문제 해결 단계로 넘어가는 데 어려움을 겪고, 화가 나기도 한다. 그러나 이런 반응은 전혀 도움이 되지 않는다. 물론 문제가 발생하지 않는다면 좋겠지만, 문제가 발생한다고 해서 세상이 무너지는 것도 아니다. 그보다 사건사고는 갑자기 생긴다는 것이 세상을 움직이는 기본 법칙 중 하나다.

만약 문제가 발생했을 때 해결책을 찾으려고 하지도 않고 불평만 한다면, 이는 스스로를 사건에 영향을 미치거나 변화를 만들어낼 수 없을 정도로 무력하게 여기고 있다는 증거다. 어느 정도의 감정 표출은 스트레스를 해소하고 다른 사람들의 동정이나 지지를 이끌어낸다. 하지만 이것이 문제를 해결하는 열쇠는 아니다. 자신이 지적인 능력을 갖춘 성인이며, 여러 가지 면에서 문제에 대처할 능력이 있다는 사실을 상기하자. 그러면 분노와 불평에서 벗어나 문제 해결 단계로 넘어갈 수 있다.

내 생각 말하기 훈련

자기주장을 제대로 하지 못하는 사람들은 대체로 걱정을 많이 하는 경향이 있다. 부탁을 거절하거나 자신에게 필요한 것을 요구하지 못하므로, 결국 자신의 능력에 비해 과도한 부담을 느끼게 된다. 그리고 부담감이 결국 불안과 걱정이라는 반응으로 나타난다. 만약 이것이 자신의 이야기처럼 느껴진다면 좀 더 자기주장을 펼칠 수 있는 법을 배워라. 그러면 걱정이 줄어든다.

주장과 공격은 다르다

단호하게 자기주장을 펼치는 것은 다른 사람의 감정이나 필요를 존중하는 동시에, 자신의 감정과 필요를 명확히 표현하는 것을 뜻한다. 단호한 사람은 정직하고 솔직하고 확고하며, 다른 사람을 공격하거나 비하하지 않는다. 또한 남의 권리를 짓밟지 않으면서 스스로의 권리를 보호한다.

• **단호한 것과 공격인 것은 다르다.** 공격적으로 보일까봐 단호하게 행동하는 것을 꺼리는 경우가 많다. 그러나 단호한 것과 공격적인 것은 엄연히 다르다. 공격적인 행동은 '나는 승자, 너는 패자'라는 식으로 접근한다. 이런 태도는 상대의 권리를 침해하지 않고서는 자신의 권리를 보호할 수 없다는 가정에서 비롯된다. 공격적인 사람은 타인의 권리를 침해하는 방식으로 남에게 자신의 생각을 강요한다.

• **단호한 자기주장은 중도에 위치한다.** 자기주장이 없는 행동은 왼쪽에, 공격적인 행동은 오른쪽에 표시한 일직선이 있다면, 단호한 행동은 정중앙에 해당된다. 자기주장이 없는 사람은 자신을 부정하고 소심하게 굴며, 자신의 문제 또한 남의 결정에 맡겨버린다. 반면 공격적인 사람은 공격적인 태도로 타인을 희생시키면서까지 자신을 드러내며, 남의 의사결정에 간섭하는 경향이 있다. 단호하게 자신을 주장하는 건 이 두 가지의 중간에 위치한다. 이 자기주장이 확실하며, 표현력이 풍부하고, 자신의 문제는 스스로 결정함을 의미한다.

자기주장을 잘하려면 부탁 거절하기와 요구하기라는 두 가지 기술이 필수적이다. 또한 업무를 일임하는 것 역시 자기주장을 요하는 기술이다.

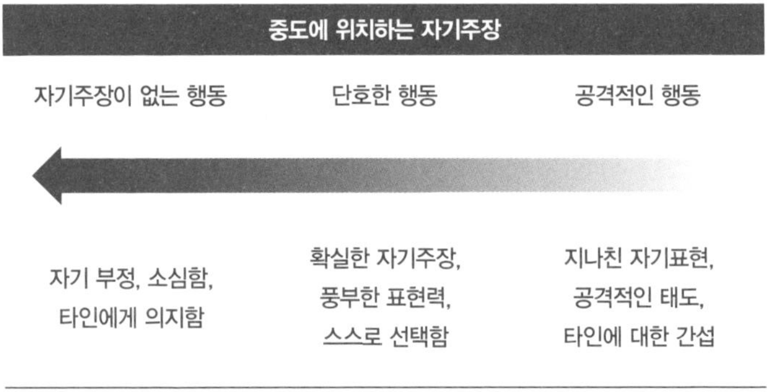

요령 있게 거절하는 법

예상치 못한 부탁이나 불합리한 요구를 거절하지 못하는 사람들의 경우, 모종의 신념이나 자신만의 규칙들을 가지고 있다. 이런 신념이나 규칙들을 '아니오'라는 말을 꺼내기 어렵게 만드는 내적 장애물이다. 또한 방법을 몰라 거절하지 못하는 사람들도 있는데 이런 사람들에게는 다른 사람의 일에 지나치게 깊이 관여하고 또 상대방을 기쁘게 하기 위해 노력한다는 공통점이 있다. 그러다 보니 정작 자신에게 가치 있는 행동을 하는 데는 어려움을 겪는다.

• **타인과 자기 자신에 대한 고정관념을 버려라.** 스스로를 '도움이 되는' 사람이라고 자부하거나, 거절이란 이기적이고 인정머리 없는 행위라고 생각할 수도 있다. 그러나 부탁을 받았을 때는 무엇보다도 자신에게 중요하다고 여기는 가치를 먼저 고려해야 한다. 물론 남에게 도움을 주는 것이 가치 중 하나일 수 있다. 그러나 자신의 핵심가치들과 양립할 수 없는 부탁을 받을 수도 있다. 예를 들어 늦게까지 일해 달라는 요청을 받았다고 해보자. 이런 부탁을 수락하는 것은 '사랑하는 가족들과 시간을 보내는 것'이란 가치와 양립할 수 없다. 이럴 때는 단호하게 거절하는 것이 부탁을 들어주는 것 이상으로 도움이 될 수 있다.

거절하면 상대방이 상처를 받거나 마음이 상할까봐 걱정이 된다. 물론 그런 일이 아주 없는 것은 아니다. 특히 당신의 거절에 익숙하지 않은 사람이라면, 당신으로부터 거절의 말을 들었다는 데 대해 기분이 상할 수도 있다. 하지만 그렇더라도 이런 부정적 감정들은 오래 가지 않고 달라진 당신의 태도에 적응해 곧 사라진다. 사실 거절을 하더라도 당신이 상상했던 만큼 심각한 반응을 보이는 경우는 드물다. 최근에 다른 사람으로부터 예의 바르지만 단호하게 거절을 당했던 적이 있는가? 그 경험을 떠올려보고, 그 당시 자신의 감정을 돌이켜보라. 어느 정도로 상처받고 기분이 상했으며, 화가 났는가? 그러고 그러한 감정은 얼마나 오래 지속되었는가?

• **거절에도 다양한 방법이 있다.** 여러 상황에 따라 다양한 거절 방법들이 존재한다. 직접 시도해보고 자신만의 방법을 첨가하여 스스로에게 가장 적당한 거절법을 찾아보자.

① 딱 부러지는 거절 : "미안, 도와주기 힘들 것 같아."

② 감정이입식 거절 : "미안, 네 사정은 알지만 이번에는 도와주기 힘들 것 같아."

③ 이유를 제시하는 거절 : "미안 , 이번 주말에는 과제가 많아서…"

④ '…하기만 한다면'식 거절 : "조금만 더 일찍 왔어도 도와줄 수 있었을텐데."

⑤ 도움을 주는 거절 : "내가 도와주긴 힘들겠지만, …하는 것은 어때?"

⑥ 부분선택식 거절 : "이건 할 수 있어. 하지만 거적 어려울 것 같아."

⑦ 선의를 드러내는 거절 : "돕고 싶은 마음이야 굴뚝같지만 이번엔 정말 어려울 것 같아."

⑧ 완고한 거절(주로 상사처럼 권력을 지닌 이에게 사용하는 방법)

: "제가 지금 너무 바빠서요, 지시하신 사항들 중 가장 우선으로 해야 하는 것부터 알려주시면 감사하겠습니다."

거절법 중 어떤 것을 선택하느냐에 따라 거절하는 시기와 도와주는 시기가 결정된다. 만일 이 방법 중 하나를 사용했는데도 상대방이 이를 무시하거나 의심하면, 다시 한 번 말해보자.

• **거절하는 연습을 하자.** 만약 거절하지 못하는 습관이 몸에 베어있는 사람이라면, 거절하기에 앞서 미리 연습을 해두는 것이 좋다. 일단 거절을 결심했다면 혼자서 혹은 믿을 만한 사람과 미리 연습해본다. 연습을 하다 보면 거절을 못하게 만들었던 심리나 생각이 나타날 수도 있다. 이럴 때는 램프 치유법을 이용해 생각과 감정을 인식한다. 그리고 거절을 하며 앞서 배운 탈융합과 현재 순간에 충실하기를 이용해 그러한 감정과 생각을 관찰한다.

거절을 연습할 때는 친한 친구의 간단한 부탁을 거절하는 것부터 시작해보자. 친구들에게 거절연습을 하고 있는 중이라고 말해도 좋다. 다른 사람이 어떻게 생각할지에 대해서 지레짐작하고 판단하거나, 죄책감이나 불안감을 느끼지 않도록 주의하자. 또한 이런 감정이 들더라도 이를 일부러 사라지게 하려고 애쓰지 말자. 이 역시 거절할 때 생길 수 있는 다양한 감정과 생각들 중 하나로 받아들이고, 현재 순간에 집중하며 거절하는 연습을 계속해야 한다.

당당하게 요구하는 법

당당하게 요구하는 것 역시 자기주장의 한 방법이다. 이러한 요구는 간단히 부탁일 수도 있으나, 상황에 따라선 남의 행동을 제한하는 것일 수도 있다. 남의 요청에 '아니요'라고 대답하는 방법을 배웠듯이, 다른 사람에게 도움을 청하는 방법도 배워보자. 어떤 행동이 당신에게 영향을 미치는지 설명하거나, 그들이 어떻게 행동해주면 좋겠는지 원하는 바를 명확하게 전달해야 한다.

① 사실을 요약한다.

② 자신이 느낀 바를 말한다.

③ 필요로 하는 것을 요청한다.

다른 사람에게 무언가를 요청하기 가장 좋은 때는 언제일까? 당신의 사적인 권리와 소중한 가치를 침해받을 때다. 예를 들어 당신은 깔끔한 것을 중요하게 생각하는 사람인데 여기저기 옷을 늘어놓고 다니는 사람과 살게 되었다고 해보자. 속만

끓이기보다는 상대에게 당신의 생각을 단호하게 전달하는 편이 좋다.

• **사실을 요약하자.** 문제가 되는 상황을 객관적으로 설명하는 것부터 시작한다. 이때는 개인적 의견이나 판단을 드러내기보다는 상황에 대한 사실을 설명하는 데 초점을 맞춘다. 감정적으로 치우치지 않도록 하며, 과장하거나 성급하게 일반화하는 것은 피하자. 또한 과도하게 상황을 묘사하거나 이름표를 붙여 단정 짓는 행동도 피해야 한다. 상대를 지칭할 때는 '너'라는 단어를 사용하거나 상대방의 행동에 대해 언급하기보다는 '나'라는 단어를 사용해 자신이 경험한 일을 설명하는 것이 좋다.

옷가지를 여기저기 벗어놓고 다니는 룸메이트 때문에 골치를 썩고 있는 상황에서 어느 쪽을 선택하는 것이 좋겠는가?

① 단호한 말 : "식탁 위에는 더러운 양말이 올려져 있고, 바닥에는 흙이 묻은 셔츠가 놓여 있는 걸 종종 본 적이 있어."

② 공격적인 말 : "너는 항상(성급한 일반화) 더럽고 지저분하고 고약한 냄새가 나는(극단적 묘사) 옷을 사방팔방(지나친 과장)에 놓아두더라. 이 지저분한 놈아!(이름표를 붙여 단정 짓기)."

• **자신이 느낀 바를 말하자.** 무언가를 요청할 때는 감정을 전달

하는 것 또한 중요하다. 그러나 이때는 감정과 실제 사실을 반드시 구분지어야 한다. 이 두 가지가 섞여서 전달될 경우, 상황이 더 혼란스러워질 수 있기 때문이다. 반대로 사실과 감정을 따로따로 제시하면 논쟁이 일어날 가능성이 줄어든다. 객관적인 사실은 어디까지나 사실일 뿐이고, 감정은 감정일 뿐이다. 특정 단어로 감정을 나타내거나 몸짓을 하거나 목소리를 높여 감정을 표현해야 한다는 생각은 버리자. 느낌을 충분히 전달할 만한 언어 능력이 있다고 믿고, 자신의 감정을 말할 때는 짧고 간결하게 하자. 다른 사람의 행동보다는 자신의 경험에 초점을 맞추고 '너'보다는 '나'라는 단어를 사용해 말하는 것이 좋다.

① 단호한 말 : "네 옷이 여기저기 흩어져 있는 걸 볼 때면 난 실망스러운 기분이 들어."

② 공격적인 말 : "네 더러운 옷들에 둘러싸여 있을 때면, 네가 나를 전혀 존중해주지 않는다는 생각이 들어. 넌 정말 지저분하고 게으른 것 같아."

• **자신이 필요로 하는 것을 요청하라.** 누군가의 행동이 만족스럽지 않을 때, 우리는 불평을 한다. 자신이 원치 않는 일이 발생하였을 때도 마찬가지다. 불편한 감정은 마음속에 불평의 씨앗

을 심어놓는다. 회사동료의 태도가 마음에 들지 않는다고 해보자. '저 사람은 일을 열심히 하지 않는 것 같아.'라거나 '뭣 하러 회사에 오는 거지?' 또는 '저 사람은 도대체 뭐가 문제야?' 같은 생각이 들지도 모른다. 그렇다고 상대방에게 자신의 불평을 머릿속에 떠오른 그대로 전달한다면, 상대방은 당신의 말을 제대로 받아들이지 못한다. 불만사항을 직접 전달하면 이를 비판으로 받아들이기 때문이다. 이는 인간의 자연스러운 방어자세다. 따라서 이런 방어적인 반응을 최소화하기 위해서는 불평을 요청의 형식으로 바꿔 전달하는 것이 좋다.

다른 이로부터 불평이나 불만을 들으면 사람들은 다양한 방법으로 스스로를 방어하려 한다. 가장 흔한 반응 중 하나는 그 불만이 객관적인 것이 아니란 사실을 증명하려 하는 것이다. 또는 왜 그런 방식으로 행동했는지를 설명하기도 한다. 반대로 불평 대신 요청을 하면, 상대방은 어디까지나 부탁을 받아들여 당신이 원하는 행동을 하는 것이란 명분을 얻게 된다. 만일 요청을 거절하더라도 그 이유에 대해 설명할 테니 손해 볼 것은 없다. 상대방의 방어본능을 건드리는 것은 자신이나 상대방 모두에게 좋지 않은 결과만 낳을 뿐이다.

불만이 떠오르면 이를 아직 충족되지 못한 사항이나 소망의 재료로 생각하라. 그리고 이 재료를 입 밖에 내기 전에 상대방이 긍정적으로 반응할 수 있는 형태로 가공하라. 직접적인 부탁으로 바꾸는 것도 좋다. 다음의 예를 보자.

① 불평 : "너는 엄마를 전혀 도와주지 않는구나."

② 요청 : "저녁 먹고 집안일 좀 도와주겠니?"

• **원하는 바를 바로 요청하자.** 앞의 3단계를 반드시 순서대로 해야 하는 것은 아니다. 항상 사실을 요약하거나 당신의 감정을 말한 후에 요청할 필요는 없다. 가능하다면 바로 원하는 바를 요청하자. 불평하지 말고, 간단하고 직접적인 방식으로 표현한다. 놀랄 정도로 많은 사람들이 긍정적으로 반응할 것이다. 만약 이 방법이 통하지 않거나, 누군가의 행동에 심각한 감정이 느껴질 경우에는 사실을 요약하고 감정을 말하고 요청하는 것이 좋다.

• **방해가 되는 감정이나 생각을 분간하자.** 분노나 적개심 같은 감정이 생기면 이런 이성적인 방법은 무시하고 싶어질지도 모른다. 화가 나면 자기 기분을 풀기 위해 공격적인 행동을 하는 경우가 많은데, 오히려 이런 분노와 적개심을 받아들이고 나면 공격적인 행동을 하든 안 하든 기분이 진정되는 것을 느끼게 된다. 자신의 감정을 수용하면 공격적인 방식이 아닌, 단호한

방식으로 행동할 수 있다. 물론 '남에게 뭘 요구해서는 안 돼.' 라든지 '말 안 해도 알거야.'라는 식의 방해가 되는 생각들이 다시 떠오를 수도 있다. 그러나 이는 반드시 지켜야하는 법규가 아니며 그저 개인적인 바람일 뿐이다. 이런 생각이 떠오르면 이를 인식하면서, 계속해서 요청해 나간다.

다른 사람에게 업무를 맡기는 법

거절도 요청도 못하는 사람들일수록 혼자 너무 많은 업무를 떠맡고 있기 쉽다. 이럴 때 필요한 것 중 하나가 바로 단호하게 업무를 위임하는 능력이다. 완벽주의적 기질이 있는 사람이거나 완고한 생각을 가진 사람이라면 자신의 일을 누군가에게 위임한다는 것이 어렵게 느껴질 수도 있다.

• **방해가 되는 생각들을 알아보자.** 다른 사람에게 일을 넘기려 할 때 일이 제대로 수행할지 걱정하기 쉽다. '다른 사람들은 나처럼 하지 못할텐데.' 혹은 '일을 가르치느니 그 시간에 내가 하고 말지.'라는 생각이 들 수도 있다. 이런 생각들은 전부 업무 위임에 방해가 되는 요소들로서, 램프 치유법을 이용하여 해결할 수 있다.

업무를 위임하는 것이 왜 좋은지에 관해 생각해보자. 쌓여있는 업무 중 일부를 다른 사람에게 넘겨주면 그 시간에 더 가치 있는 일을 할 수 있어서 좋다. 단 한 가지 일만 위임하더라도 큰 변화가 발생할 것이다. 우선 연습 삼아 가족이나 동료들에게 작은 일을 위임하는 것부터 시작해본다.

- **과정이 아닌, 결과를 위임하자.** 기왕 일을 위임한다면 손바닥 위에 놓고 통제하고픈 마음은 버려라. 적임자를 선택해서 원하는 바를 알려주고 그에게 맡겨야 한다. 위임한 일의 결과를 점검하는 것은 좋다. 그러나 세부적인 방법까지 관리하는 것은 진정한 의미의 위임이라 할 수 없다.

당신의 내일은 괴롭지 않다

지금까지 계획하기, 시간관리, 문제해결, 자기주장을 위한 방법들을 알아보았다. 여기서 배운 방식을 자기 것으로 만들기 위해서는 시간이 필요하다는 사실을 명심하고 꾸준히 지속해야 한다.

어쩌다 약속을 하나 잊어버렸다고 해서 다이어리를 집어던지고 포기해서는 안 된다. 또한 문제 해결법을 조금 알았다고 해서 완벽한 해결책이 나올 거라고 기대하지도 말자. 단호하게 자기주장을 한다고 해서 원하는 것을 얻을 수 있으리란 보장도 없다. 오히려 상대방이 당신의 험담을 하거나 토라지거나 적개심을 품게 될 수도 있다. 이런 점들에 대해 각오해야 한다. 새로운 일을 시도하다 보면 거북스런 감정과 도전적인 생각이 들 수도 있다. 그러나 이 또한 램프 치유법을 훈련할 기회로 생각하고 받아들이자.

인생 길을 밝히는 램프

불안과 걱정은 인생의 덫이나 마찬가지다. 여기까지 읽은 독자라면 그 사실을 깨닫고 걱정이 어떻게 작동하는지에 대해서도 잘 알게 되었으리라 생각한다. 책을 읽기 전에는 걱정이란 덫에 빠질 때마다 탈출하기 위해 몸부림을 쳤을 것이다. 이는 결코 해결책이 될 수 없고 오히려 문제를 크게 만든다.

수용전념치료는 문제를 키우는 통제반응 대신, 자신의 감정과 생각을 받아들이는 자발성을 기를 수 있게 해준다. 램프 치유법은 걱정의 덫에서 벗어나 생산적인 방향으로 인생을 이끌어 가는 데 힘이 되어줄 것이다. 이 책에서 배운 내용이 인생이라는 긴 여정에서 방향을 밝혀주는 등불(램프)과 같은 역할을 할 수 있길 바란다. 자욱하던 불안과 걱정의 안개를 걷어버리고 진정으로 원하는 삶을 살 수 있게 되길, 그리고 여러분 모두의 인생이 즐거운 여행이 되기를 바란다.

걱정 없는 인생을 바라지 말고,
걱정에 물들지 않는 연습을 하라.

- 알랭 드 보통

고민과 불안에 휘둘리지 않는 심리 면역 키우기

걱정이 많은 사람을 위한 심리학 수업

초판 1쇄 발행 2021년 5월 24일

지은이 채드 르죈느
옮긴이 조영지

책임편집 이가영
디자인 Aleph design

펴낸이 최현준·김소영
펴낸곳 빌리버튼
출판등록 제 2016-000166호
주소 서울시 마포구 월드컵로 10길 28, 202호
전화 02-338-9271 | **팩스** 02-338-9272
메일 contents@billybutton.co.kr

ISBN 979-11-91228-55-7 03180